당신은
어떤 사람이
되고 싶으십니까

**당신은
어떤 사람이
되고 싶으십니까**

초판 1쇄 발행 2025. 8. 26.

지은이 김환식
펴낸이 김병호
펴낸곳 주식회사 바른북스

편집진행 황별하
디자인 김효나
마케팅 송송이 박수진 박하연

등록 2019년 4월 3일 제2019-000040호
주소 서울시 성동구 연무장5길 9-16, 301호 (성수동2가, 블루스톤타워)
대표전화 070-7857-9719 | **경영지원** 02-3409-9719 | **팩스** 070-7610-9820

•바른북스는 여러분의 다양한 아이디어와 원고 투고를 설레는 마음으로 기다리고 있습니다.
이메일 barunbooks21@naver.com | **원고투고** barunbooks21@naver.com
홈페이지 www.barunbooks.com | **공식 블로그** blog.naver.com/barunbooks7
공식 포스트 post.naver.com/barunbooks7 | **페이스북** facebook.com/barunbooks7

ⓒ 김환식, 2025
ISBN 979-11-7263-547-3 93370

•파본이나 잘못된 책은 구입하신 곳에서 교환해드립니다.
•이 책은 저작권법에 따라 보호를 받는 저작물이므로 무단전재 및 복제를 금지하며,
이 책 내용의 전부 및 일부를 이용하려면 반드시 저작권자와 도서출판 바른북스의 서면동의를 받아야 합니다.

흔들리는 사람됨,
人性에서 길을 찾다

김환식
시리즈
005

김환식 지음

당신은
어떤 사람이
되고 싶으십니까

RESET_ESSAY 5
RESET_NEW DEAL 2

바른북스

Prologue

사람됨을 다시 묻는 시대에

얼마 전 저는 『당신은 어떤 사회에서 살고 싶으십니까』라는 제목의 책을 펴냈습니다. 그 질문은 '좋은 삶'의 조건을 묻는 물음이었습니다.

자유롭게 말하고, 일할 수 있고, 배울 수 있으며, 아플 때는 돌봄을 받을 수 있는 사회. 자유권과 사회권이 균형 있게 보장되는 사회.

주거권, 근로권, 학습권, 문화권, 보건권이 누구에게나 보장되는 그런 사회 말입니다.

하지만 오늘은, 다른 질문을 드리고자 합니다.
"그런 사회 속에서, 나는 어떤 사람이 되어야 하는가?"

염치(廉恥)와 신독(愼獨)이 사라진 시대에서 제도가 아무리 정교하고, 정책이 아무리 촘촘해도 그 사회를 살아가는 사람들이 무책임하다면 그 틀은 쉽게 무너집니다.

권리는 앞세우되 의무는 회피하고, 자율은 외치지만 책임은 회피하는 사회라면 좋은 제도도 제 기능을 다하지 못합니다.

사회는 틀만으로 유지되지 않습니다.
그 틀 안에서 살아가는 사람, 그 사람이 맺는 관계, 책임을 다하는 태도, 감정을 다루는 방식, 갈등을 조정하는 능력.
그 모든 것이 사회의 품격을 결정합니다.

우리는 이를 '사람됨(Being Human)'이라고 부릅니다.
사람됨이란 단지 인간으로 태어났다는 생물학적 조건이 아니라, 사람답게 살아가고자 애쓰는 내면의 힘(Humanness)과 함께 살아가면서 관계를 맺는 감각(Weness)이 어우러져 삶으로 드러나는 존재의 방식입니다.

사람됨은 타고나는 것이 아니라 삶 속에서 형성되고 실천되는 과정입니다.
그 과정 속에서 우리는 인성을 기르고, 인성은 인격으로, 인격은 품격으로 자라납니다.

우리는 흔히 인성을 이야기할 때 착함, 예의, 성실함 같은 도덕적 기질이나 성향을 떠올립니다.
하지만 인성은 그것을 넘어섭니다.
인성은 타고난 성격, 그 이상입니다.
삶을 통해 길러지고 드러나는 역량(Capability)입니다.

내면(內面)에서 시작해 행동으로, 관계로 확장되는 삶의 방식입니다.

그래서 인성은 곧 사람됨의 기초이며, 그 인성이 일관된 태도로 축적이 되면 인격(人格)이 되고, 관계 속에서 실천될 때 비로소 품격(品格)으로 빛납니다.
바로 인품(人品)입니다.

인간(人間)이란 말 자체가 두 사람 사이의 관계를 뜻합니다.
사람됨은 관계 속에서 드러납니다.
공감, 감정 조절, 책임, 회복 탄력성, 갈등 관리, 자율성 등 함께 살아가기 위해 필요한 모든 역량이 인성 안에 담겨 있습니다.

천성(天性)은 쉽게 바뀌지 않지만, 인성(人性)은 학습을 통해 변화할 수 있습니다.
천지인(天地人) 삼재(三才) 가운데 인간(人)은 하늘(天)의 기운을 받되, 궁극적으로는 땅(地)을 경작하며 살아가는 존재입니다.
그래서 인성은 땅을 일구는 농부처럼 갈고 닦아야 하는 겁니다.
인성을 Character라고 번역하기도 하지만, 그보다는 사람됨 전체를 구성하는 성찰과 역량의 합으로 보는 것이 옳습니다.

인성은 곧 인력(人力)입니다.
사회성이 사회력(社會力)이라면, 인성은 사람됨의 힘입니다.
성격이나 기질로 한정할 때 교육은 개입할 여지가 적지만, 인성을 개발 가능한 삶의 역량(力量)으로 본다면, 교육은 사람됨을 세우는 중요한 토대가 됩니다.

좋은 사회란 무엇일까요?
저는 이렇게 대답합니다.
다음 질문에 '예.'라고 응답할 수 있는 사람들이 많은 사회, 그 사회가 곧 좋은 사회입니다.

- "타인의 감정에 민감하게 반응할 수 있는가?"
- "갈등 이후에 관계를 회복하고 다시 다가갈 수 있는가?"
- "내 권리를 주장하면서도, 타인의 권리를 함께 존중할 수 있는가?"
- "어떤 책임이 주어졌을 때 그것을 받아들이고 실천할 수 있는가?"

그런 사회의 품격(品格)은, 그 사회를 구성하는 사람들이 지닌 인성의 깊이와 관계 속 실천의 넓이에 따라 결정됩니다.
제도가 보장하는 권리는 사회의 외형을 갖추게 하지만, 사람됨은 그 사회의 내면을 품격 있게 만듭니다.
마찬가지로, 인간의 품격도 인성을 바탕으로 인격을 실천할 때 비로소 드러납니다. 인간의 품격이 곧 사회의 품격을 좌우합니다.

이 책은 그래서 묻습니다.
우리는 어떤 사람으로 살아가야 하는가?
가정에서 학교로, 학교에서 사회로, 그리고 세계와 인간 사이의 관계로 이어지는 사람됨의 여정에서 우리는 어떻게 질문하고, 어떻게 배우며, 어떻게 실천하고 성장할 수 있는지를 함께 성찰하고자 합니다.

이 책은 필자가 국가교육위원회의 '인성·평생 교육 자문위원'으로 활동하면서 발표할 자료를 만들기 위해 집필되었습니다.

'사회와 인간 그리고 교육'을 염두에 두고, 그동안의 공부와 경험, 학습과 사유를 담았습니다.

공직에 있을 때는 염치를 지키려 노력했고, 대학에서는 '직업 윤리', '평생 교육', '노인 교육' 등을 가르쳤습니다. 청소년 지도사 자격을 따기 위해 청소년 교육도 공부했고, 유아 교육, 교육 과정, 학교 안전 등 다양한 주제로 강의와 특강도 해왔습니다.

그 모든 것들이 이 책에 스며들어 있습니다.

『당신은 어떤 사람이 되고 싶으십니까?』

이 질문은 사람됨의 회복에 관한 이야기이며, 그 바탕이 되는 인성에 관한 성찰입니다.

그리고 그것은 곧 사회 전체의 품격을 다시 세우자는 간절한 제안입니다.

목차
사람됨을 다시 묻는 42間 질문

Prologue
사람됨을 다시 묻는 시대에

PART 1 인성의 개념과 의미

1間.	인성이란 무엇인가? 성격을 넘어선 삶의 역량	17
2間.	인성교육진흥법이 말하는 인성이란? 사람됨과 관계 역량	19
3間.	인성은 스펙? 사람됨의 기준이다	22
4間.	인성은 길러질 수 있는가? 타고난 성향이라는 착각에서 벗어나기	25
5間.	인성을 역량으로 본다는 것의 의미는?	29
6間.	관계 지능이란? 인성의 또 하나의 이름	33
7間.	인성과 인격, 그리고 인간의 품격과의 관계는?	35
8間.	자유권과 사회권, 그리고 좋은 사람의 조건이란?	40

PART 2 생애 발달과업으로서의 인성

9問. 유아기의 인성? 감정 표현과 타자(他者) 인식의 시작   45

10問. 아동기의 인성? 규칙 내면화와 책임감 형성   50

11問. 청소년기의 인성? 감정, 정체성, 선택, 도덕적 판단의 시기   55

12問. 성인의 인성? 관계와 책임, 윤리적 자율성   63

13問. 노년기의 인성? 관용, 회복, 품위 있는 늙음   68

PART 3 다양한 관계 속에서 만들어지는 인성

14問. 개인의 내면 속의 관계? 자신과의 관계, 자기 인식과 성찰의 힘   75

15問. 가정에서의 관계? 부모와 형제자매와의 관계가 인성의 시작   81

16問. 학교에서의 관계? 교사와 친구 그리고 갈등 속에서 길러지는 관계 역량   90

17問. 성인의 삶 속의 관계? 다양해지는 관계와 커지는 삶의 무게 속에서 중심을 잡는 역할을 하는 인성   98

18問. 직업인이 맺는 관계? 상하관계와 고객관계 속에서 형성되는 직업 윤리   104

19問. 노인의 삶에도 관계가? 소멸되는 관계 속에서도 지켜야 할 나이 듦의 품격   110

PART 4 인성교육의 의미와 방법

20問. 인성에서 생애 발달과업이란? 「인성교육진흥법」의 개정 방향   119

21問. 인성교육과 시민 교육의 관계는? 인성교육은 성숙한 민주시민, 세계시민의 기반이다   123

22問. 인성교육과 사회정서학습(SEL)의 관계는?   128

23問. 분노조절과 회복 탄력성, 심신의 건강은 어떻게 가능할까?
인성과 SEL의 바탕 위에서 가능하다   132

24問. 인성교육, 결국 교육 과정으로 귀결되는 것 아닌가?   136

PART 5 근본부터 다시 설계하는 인성교육

25問. 사라진 공동체성 속에서 교육 3주체의 관계는?   145

26問. 대학 입시가 주범?, 교육계의 상상력 부족은 면책될 수 있을까?
평생학습 기반의 입시 다양화가 해법이다   153

27問. 입법 만능주의, 절차주의가 인성을 망가뜨린다고? 학교폭력 대책의 역설   161

28問. 도시화, 산업화, 핵가족, 아파트 문화 속에서 요구되는 새로운 공동체성이란?   172

29問. 학교는 이제 덕체지(德體智)가 고루 성장하는 전인 교육의 장으로 탈바꿈되어야 하지 않을까?   180

30問. 지금 필요한 것은 국가 교육 과정 바탕의 인성 개발 로드맵이 아닐까? ... 184

31問. 유아의 인성 발달을 위해서는 누리과정도 바뀌어야 하지 않을까? ... 189

32問. 관계 훈련과 마음 단련 활동이 수련 활동의 중심이 되어야 한다고? ... 195

33問. 학교의 자율성 존중이란 무슨 의미?
핸드폰 관련 학칙에 대한 국가인권위원회의 판단 변경의 본질적 의미 ... 202

34問. 교사의 생활 지도권이 존중되어야 학교생활 문화가 회복된다고? ... 207

35問. 무너진 마음과 관계를 다시 잇기 위해선 상담 지원 체제가 필요하다고? ... 212

36問. 인성을 지도해야 할 교사도 인성교육을 받아야 한다고? ... 217

37問. 자녀를 양육하는 학부모도 인성교육이 필요하다고? ... 223

38問. ADHD 학생과 특수학교 학생의 인성은 어떻게 해야 하나? ... 230

39問. 학교 밖 청소년도 인성교육이 필요하지 않을까? ... 235

40問. 저해된 발달(Deterred Development) 상태의 어른들도 인성교육이 필요하지 않을까? 미성숙한 성인(Adult-Child), 우리 사회가 직면한 인성의 사각지대 ... 239

41問. 생애 전환기 인성교육은 또 어떻게 해야 하나? ... 250

42問. 급변하는 미래 사회에 대응할 수 있는 인성교육체제란?
인간다움, 생태 감수성, 기술 윤리를 아우르는 새로운 인성교육의 패러다임 ... 256

Epilogue
인성: 사람답게 산다는 것, 다시 그리고 계속 배워야 하는 것

부록
사람됨을 키우는 42가지 교육과제(유아·청소년을 위한)

인간(人間)은 처음부터 사람과 사람 사이를 전제로 한 존재입니다.
그래서 간(間)은 사람됨의 본질을 이루는 개념입니다.
이 책은 장(章)이 아니라 간(間)으로 구성되어 있습니다.
각 間은 질문과 질문 사이, 나와 타자 사이,
나와 사회 사이를 사유로 연결하는 여백이자 틈입니다.
사람됨은 그 사이를 어떻게 메우느냐에 따라 달라집니다.
이 책의 빈 공간을 이제 여러분의 사람됨으로 채워주시기 바랍니다.

Part 1
인성의 개념과 의미

인성이란 무엇인가?

인성은 단순한 성격이 아니라, 삶을 살아가는 태도와 역량입니다.
사람됨의 근간이며, 타인과 더불어 살아가기 위한 관계적 능력이기도 합니다. 법적으로도 인성은 타인과 더불어 살아가는 데 필요한 성품과 역량으로 정의되며, 이는 곧 개인의 자유권과 사회적 책무를 조화롭게 실현하는 사람의 조건입니다.

우리는 흔히 인성을 타고나는 성향이라 오해하지만, 인성은 충분히 길러지고 훈련될 수 있는 후천적 역량입니다. 관계 지능이라는 말도 역량의 한 단면입니다. 그것은 인격을 구성하고, 인간의 품격으로 연결되며, 단지 착한 사람이 아닌 성찰하고 책임지는 삶의 자세로 나타납니다. 결국 인성이란 자유롭게 선택하면서도 공동체 속에서 함께 살아갈 줄 아는 사람이 되는 힘입니다.

1問

인성이란 무엇인가?

성격을 넘어선 삶의 역량

우리는 종종 이렇게 말합니다.
"쟤는 성격이 참 좋아. 인성도 좋지."
그러나 곰곰이 생각해 봅시다. 인성이 좋다는 말이 과연 무엇인지를.

많은 사람들은 인성을 성격이나 기질의 또 다른 표현으로 생각합니다.
하지만 인성은 이처럼 타고나는 것을 넘어 삶을 살아가며 형성되는 것입니다. 태어날 때부터 남을 배려하고, 규칙을 잘 지키는 아이는 없습니다.
그런 성향은 반복된 관계와 경험, 그리고 실천 속에서 길러지는 결과물인 것입니다.

인성은 감정 조절 능력이기도 하며, 갈등을 회피하지 않고 다루는 힘이기도 하고, 상대를 존중하면서도 내 입장을 분명히 말하는 능력이기도 합니다.

즉, 인성은 '성격'보다 크고, '덕목'보다 넓으며, '지식'보다는 '실천'에 가깝습니다.

더 중요한 것은, 인성은 역량으로서 개발될 수 있다는 사실입니다.

인성은 학교 안에서, 가정 안에서, 관계 속에서, 교육과 훈련, 성찰과 피드백, 실패와 회복을 통해 평생에 걸쳐 개발되는 능력입니다.

성실성, 정직성, 공감 능력, 회복 탄력성, 자율성과 책임감 등은 모두 개인의 삶을 설계하고 타인과 살아가기 위해 반드시 필요한 인간의 역량들입니다.

정리하면 인성은 인품(人品)이자 인력(人力)입니다.

인성은 개인의 품격과 사회의 품격을 연결하는 '사람됨의 능력'입니다.

2問

인성교육진흥법이 말하는 인성이란?

사람됨과 관계 역량

    법에 의하면, 인성이란 자신의 내면을 바르고 건전하게 가꾸고, 타인, 공동체, 그리고 자연과 더불어 조화롭게 살아가기 위해 필요한 인간다운 성품과 역량을 총체적으로 이르는 말입니다.

    또 법은 핵심 가치와 핵심 역량을 다음과 같이 정의하고 있습니다.

- 핵심 가치 · 덕목: 예(禮), 효(孝), 정직, 책임, 존중, 배려, 소통, 협동 등 사람됨과 관련된 핵심적인 마음가짐이나 도덕적 지향성.
- 핵심 역량: 이러한 가치와 덕목을 실제 삶 속에서 적극적이고 능동적으로 실천하고 실행하는 데 필요한 지식과 함께, 타인과 공감하고 소통하며 갈등을 합리적으로 해결하는 능력.

    인성 그리고 핵심 가치와 핵심 역량의 관계는 분명하지 않습니다.

그러나 인성의 성품은 핵심 가치로, 역량은 핵심 역량으로 이해할 수 있을 것 같습니다. 결론적으로, 인성은 개인의 내면적 성숙과 더불어 타인 및 사회와의 관계 속에서 바람직하게 기능하는 능력이 통합된 개념입니다.

이를 다시 정리하면 다음과 같은 구조가 될 것입니다.
- 인성 = 성품(性品) + 역량(力量)
- 성품 = 핵심 가치 · 덕목(예, 효, 정직, 책임, 존중, 배려, 소통, 협동 등)
- 역량 = 핵심 역량(핵심 가치 · 덕목을 실천하는 지식, 공감 · 소통하는 의사소통 능력, 갈등 해결 능력 등)

즉, 인성은 인품(人品)이자, 인력(人力)입니다.
인품은 성품이고, 인력은 역량입니다.
성품이 주로 내면적인 기질이나 마음씨를 의미한다면, 인력의 핵심은 관계 능력입니다.
타인과 소통하고 갈등을 해결하는 능력이 중요하기 때문입니다.

「인성교육진흥법」이 정의하는 인성 개념을 재구성해 보면, 인성이란 단지 내면에 머무르지 않고, 행동을 넘어서며, 관계로 확장되는 성숙의 개념으로 이해됩니다.

① 내면에 머무르지 않고: 이는 인성이 단지 생각이나 마음속에만 존재하는 것이 아니라, 삶 속에서 실천되고 드러나야 하는 특성임을

의미합니다.

② 행동을 넘어: 인성이 단순히 몇 가지 올바른 행동의 나열이 아니라, 일관성과 지속성을 지닌 삶의 태도이자 방향성이라는 점을 강조합니다.

③ 관계로 나아가는: 인성이 궁극적으로 타인, 공동체, 자연과 조화로운 상호작용을 지향함을 의미하며, 이는 「인성교육진흥법」이 제시하는 인간다운 성품과 역량이라는 목표와 직접적으로 연결됩니다.

④ 성숙의 개념입니다: 즉, 인성은 타고나는 것이 아니라, 지속적인 학습과 성찰, 실천을 통해 깊어지는 성장의 과정을 의미합니다. 따라서 인성은 인격으로, 다시 인품으로 확장될 수 있는 발달적 구조를 지닙니다.

3問

인성은 스펙?

사람됨의 기준이다

요즘은 인성도 스펙(Spec)처럼 관리하는 시대입니다.

학교생활 기록부, 비교과 활동, 봉사 시간, 면접 질문 항목 등 인성은 입시와 취업에서 증명해야 할 실적의 하나가 되어버렸습니다.

하지만 그 순간, 인성은 더 이상 인성이 아닙니다.

▌드러내기 위한 인성은, 진짜가 아니다

인성은 타인을 위한 퍼포먼스가 아닙니다.

누군가에게 잘 보이기 위해 봉사하고, 스펙을 쌓기 위해 캠프에 참여하고, 성실해 보이기 위해 교내대회를 휩쓰는 것, 그건 전략이지 사람됨의 표현이 아닙니다. 정말 중요한 건, 누가 보든 말든, 타인을 대하는 태도에서 진심이 우러나오는 사람입니다.

▍인성은 기록이 아니라 기억이 남아야 한다

학생부에 적히는 활동이 인성이라면, 그건 수치화할 수 있는 것만 남을 것입니다.

하지만 진짜 인성은 힘든 친구 곁에 조용히 앉아주는 순간, 선생님의 고단함을 알아채고 문 닫고 나오는 눈치, 갈등이 생겼을 때 먼저 손 내미는 용기 속에 담겨 있습니다.

이런 순간들은 기록은 안 되지만, 사람의 마음에 남습니다.

그리고 그게 진짜 인성입니다.

▍인성은 스펙이 아닌, 사람됨의 기준이다

인성은 결국 나를 어떤 사람으로 만들고 싶은가에 대한 대답입니다.

단지 좋은 대학을 가기 위한 장식이 아니라, 좋은 사람으로 살아가기 위한 내면의 토대입니다.

스펙은 경쟁에서 이기기 위한 무기지만, 인성은 공존을 위한 능력입니다.

그리고 경쟁은 끝이 있지만, 사람됨은 평생 지속되는 길입니다.

인성은 과시할 수 없습니다.

인성은 다만, 삶의 순간순간에서 조용히 드러나는 태도로 존재할 뿐입니다.

인성은 인격으로, 다시 인품으로 진화되는 것입니다.

4問

인성은 길러질 수 있는가?

― 타고난 성향이라는 착각에서 벗어나기 ―

"쟤는 원래 그런 애야."
"저 아이는 어려서부터 착했어."
"성격이 저러니 어쩌겠어."

이런 말들은 마치 인성이 고정된 성향이거나, 유전적으로 타고나는 성격처럼 여겨지는 통념을 보여줍니다.
보통 천성(天性)이라고 부릅니다.
그러나 그것은 반쯤만 맞는 말입니다.
어릴 적 성향이 없지는 않지만, 인성은 절대적으로 결정되는 것이 아니라 관계 속에서 형성되고, 경험을 통해 계발될 수 있습니다.
인성은 성품과 역량, 즉 인품과 인력을 아우르는 개념으로, 단순히 타고난 기질을 넘어 삶을 통해 계발되는 총체적인 인간다운 자질입니다.

▎인성과 성향, 성격은 다르다

사람마다 기질이 다릅니다.

말수가 적은 아이도 있고, 감정 표현이 서툰 어른도 있습니다.

이런 기질은 성격의 일부를 이룰 수는 있지만, 인성 그 자체를 의미하지는 않습니다. 성향(Disposition)은 경향성이고, 성격(Personality)은 심리학적 특성이며, 인성은 삶을 살아가는 방식입니다.

- 성향은 타고나는 것
- 성격은 형성되는 것
- 인성은 살아가며 '되려고 노력하는 것'입니다.

▎인성은 관계 속에서 형성됩니다

아무리 감정 표현이 서툰 아이도, 누군가 그 감정을 진지하게 들어주고 기다려 주는 관계를 경험하면 서서히 마음을 열고 표현하게 됩니다.

즉, 인성은 내면의 성향에서 머무르지 않고, 타자와의 관계 속에서 실현되는 역량입니다.

돌봄을 받아본 아이가 돌볼 줄 알고, 용서를 받아본 사람이 용서를 베풀 줄 알며, 규칙을 함께 정해본 아이가 공동체 규범을 지키게 되는 겁니다.

인성은 훈련과 실천을 통해 계발됩니다

운동선수의 근육이 훈련으로 길러지듯, 사람의 인성 역시 경험, 반성, 피드백, 실천을 통해 계발될 수 있습니다.

예를 들어, 갈등이 발생했을 때, 그 원인을 탐색하고 대화로 해결해 본 경험, 실수를 한 후 사과하고 관계를 회복한 경험, 타인의 고통에 공감하고 함께 행동했던 기억.

이런 경험은 감정을 조절하고, 책임을 수용하고, 공동체의 일원으로 성장하는 훈련의 장이 됩니다.

인성이 길러지지 않는 구조적 문제

그러나 오늘날 인성은 길러지기보다는 단절되고, 억제되고, 외면되고 있습니다.
교실은 점점 더 성적 중심이 되었고, 가정은 불안과 경쟁으로 몰아붙였으며, 사회는 좋은 인성보다 빠른 성과를 요구합니다.
'나만 아니면 돼.'라는 문화 속에서 공감, 책임, 회복, 관계라는 인성의 핵심 역량들은 배워볼 기회조차 사라졌습니다.

▮ 인성은 '되려고 하는 사람'에게 주어집니다

　인성은 선천적 자산이 아니라, 되려고 노력하는 사람에게 비로소 길러지는 후천적 능력입니다.
　정직하려고 애쓰는 사람만이 정직해질 수 있고, 배려하려고 노력하는 사람만이 진짜 배려할 수 있습니다.
　그리고 그러한 실천은 훈련되고 가르쳐지고, 성장할 수 있는 것입니다.

▮ 정리하면,

　인성은 타고나는 것이 아니라, 계발되는 것입니다.
　그것은 삶을 어떻게 살아가고 싶은가에 대한 선택의 문제이며, 그 선택을 돕는 관계와 구조, 경험과 교육이 바로 우리가 함께 설계해야 할 과제입니다.

5問

인성을 역량으로
본다는 것의 의미는?

인성을 말하면 사람들은 먼저 덕목을 떠올립니다.

정직, 성실, 배려, 예의, 책임감.

이 단어들은 오랜 시간 동안 좋은 사람의 조건처럼 반복되어 왔습니다.

그러나 우리는 지금 좋은 사람 되기를 외치기보다, 사람답게 살아가기 위한 역량이 무엇인지를 다시 물어야 할 시점에 와 있습니다.

▎덕목 중심 인성 vs. 역량 중심 인성

구분	덕목 중심 인성	역량 중심 인성
핵심 개념	선한 태도, 올바른 마음	관계적 실행력, 실천 가능성
교육 방식	주입식 훈화, 암기	상황 기반 훈련, 피드백, 성찰
문제점	"착해야 한다"의 압박	"되려면 연습해야 한다"는 메시지
장점	사회적 기준 형성	실질적 행동 변화 가능

덕목이 기준이라면 역량은 방법이고, 덕목이 이상이라면 역량은 훈련입니다.

지금은 이상을 실천 가능한 능력으로 전환해야 하는 시대입니다.

역량이란 무엇인가?

역량(Capability)이란 어떤 상황에서 문제를 인식하고, 판단하고, 조정하고, 실행할 수 있는 힘을 말합니다.

즉, 지식 + 태도 + 기술 + 행동의 통합된 구조입니다.

인성을 역량으로 본다는 것은, 이런 의미를 담고 있습니다.
- 정직하자가 아니라, 정직하게 행동할 수 있는 판단력과 용기를 키우자.
- 배려해야 한다가 아니라, 상대의 감정을 인식하고, 그에 반응할 수 있는 감정 지능을 키우자.

이때 인성은 한다, 안다가 아니라 할 수 있는가의 문제로 바뀝니다.

인성은 학습되고 성장한다

성적을 올리기 위해 문제 풀이를 연습하듯, 인성도 갈등을 경험하고, 실수하고, 다시 시도하고, 피드백 받고, 회복하면서 커집니다.

- 공감 능력은 이야기 듣기, 감정 말하기, 다양한 시선 접하기로 확장됩니다.
- 자기 통제력은 스트레스 상황에서 대처하는 전략을 배우는 것으로 강화됩니다.
- 책임감은 작은 일부터 맡고 마무리해 보는 경험을 통해 길러집니다.

인성은 추상적인 이상(理想)이 아니라, 삶의 기술(Life Skills)입니다.

인성을 역량으로 보지 않으면 생기는 한계

"착해야 해."라는 명령은 아이들을 불안하게 만들고, 위선을 낳습니다. '착하지 않으면 나쁜 사람'이라는 이분법은 자기혐오와 타인 정죄(定罪)로 이어집니다.

현실의 갈등은 도덕적 잣대로 해결되지 않습니다.

이 모든 문제는 인성을 훈련 가능한 역량으로 보지 않고 단지 평가받는 덕목으로만 이해했기 때문에 발생한 겁니다.

▎인성을 역량으로 본다면 교육은 어떻게 달라져야 하나?

교과서 속 좋은 이야기가 아니라, 현실 속에서 어려운 갈등을 다루는 연습이 필요합니다.

위인전은 답이 될 수 없는 것입니다.

정답을 고르는 도덕 시험이 아니라, 다양한 선택을 해보고, 실수한 뒤 회복하는 경험이 필요합니다.

혼자서 조용히 듣는 교육이 아니라, 함께 소통하고 규칙을 만들고, 책임을 나누는 활동이 필요합니다.

▎정리하면,

인성이 역량이라면, 우리는 그것을 훈련하고, 피드백 받고, 성장하는 생애 학습의 대상으로 보아야 합니다.

그리고 그때부터 인성은 타고나는 것이 아니라, 함께 길러내는 것이 됩니다.

교과서 지식을 넘어 실천적 배움이 필요한 이유입니다.

몇 시간 수업을 받았다가 아니라, 단 몇 분이라도 성찰하고 관계의 소중함을 깨닫는 것이 더 소중합니다.

6間

관계 지능이란?

인성의 또 하나의 이름

우리는 흔히 인성을 개인의 내면에 있는 어떤 '성품'이라고 생각합니다.

하지만 인성은 홀로 존재할 수 없습니다.

사람됨은 언제나 관계 안에서 드러나고, 관계를 통해 형성됩니다.

'관계 지능(Relational Intelligence)'이라는 말이 있습니다.

이는 단순한 사교성이 아니라, 타인과 맺는 관계를 이해하고, 조율하고, 성숙하게 발전시킬 수 있는 능력을 뜻합니다.

오늘날 우리가 마주한 많은 사회 문제, 예를 들어 학교폭력, 왕따, 조직 내 갈등, 세대 간 단절 등은 기술이 부족해서가 아니라 관계 지능이 부족해서 생겨난 문제입니다.

관계 지능은 정서지능(EQ)과도 연결됩니다.

자기감정을 인식하고 조절할 수 있어야 하고, 타인의 감정에도 민감하게 반응할 수 있고, 이해와 공감을 바탕으로 건강한 관계를 맺을 수 있습니다.

그런 점에서 인성교육은 곧 관계 지능 교육이라고 해도 과언이 아닙니다.
성실하거나 책임감 있는 사람도 관계를 잘 맺지 못하면, 결국 사회 속에서 고립되거나 상처를 주게 됩니다.
즉, 인성의 진짜 시험은 '나 자신과의 관계'뿐만 아니라 '타인과의 관계' 속에서 벌어집니다.

우리는 이제 인성을 개인의 도덕성만이 아니라 관계의 윤리를 실천할 수 있는 힘으로 바라보아야 합니다.
사람은 사람 사이에서 사람다워집니다.
그리고 인성은 그 사이를 잘 연결해 내는 능력, 곧 관계 지능에서 가장 빛납니다.

7問

인성과 인격,
그리고 인간의 품격과의 관계는?

'품격 있는 사람'이라는 말을 들으면 어떤 이미지가 떠오를까요?

고상한 말투, 단정한 태도, 여유 있는 배려? 그럴 수도 있습니다.

하지만 진정한 품격이란, 단지 외양의 고상함이 아니라 내면의 질서가 관계 속에서 드러나는 방식입니다.

즉, 품격은 삶의 태도가 관계에 반영된 총체적 인상입니다.

▌ 인격은 단지 법적 지위가 아니다

인격이라는 말은 법률에서 자주 사용됩니다.

인격권, 인신의 자유, 존엄성 보장과 같은 표현들이 그것입니다.

그러나 이때의 인격은 법적 존재로서의 사람됨, 즉 존재 자격을 의미합니다.

누구나 태어남과 동시에 가지는 보편적 지위이자 권리의 전제조건입니다.

하지만, 우리가 말하는 도덕적 인격(Moral Personality)은 다릅니다.
그것은 삶의 질과 태도, 책임성과 관계 방식, 즉 어떤 사람인가에 대한 시간적이고 실천적인 평가입니다.
법적 인격은 타고나는 것이지만, 도덕적 인격은 살아가며 길러야 할 과제입니다.

인격은 인성에 의해 실현된다

인격이 훌륭하다는 말은 단지 지식이 많거나 예의가 바르다는 뜻이 아닙니다.
그 사람의 말과 행동, 선택과 관계 맺음이 일관되며 성숙하고 책임감 있는 방식으로 드러날 때, 우리는 그를 인격 있는 사람 또는 품격 있는 사람이라 부릅니다.

즉,

- 인성은 사람다움을 실천하는 역량이며
- 인격은 그 인성이 삶 속에서 지속적이고 통합적으로 드러난 태도
- 품격은 그 인격이 관계 속에서 확인되는 방식입니다.

인성은 실천의 능력이고, 인격은 그 능력의 일관된 발현이며, 품격은 그것이 관계 속에서 드러날 때 빚어지는 고유한 결입니다.

▍사회의 품격은 개인의 인성에서 시작된다

우리는 흔히 사회의 품격을 국가의 GDP나 예술적 성취, 제도의 완비 여부로 판단하곤 합니다.
하지만 사회의 품격은 결국 그 사회를 구성하는 사람들이 어떻게 말하고, 행동하고, 책임지는가에 달려 있습니다.

- 법이 약한 사회에서는 시민의 인성이 품격을 유지합니다.
- 제도가 부족한 공동체에서는 사람들의 품성이 질서를 지탱합니다.

좋은 사회는 좋은 사람이 만듭니다.
그리고 좋은 사람은 인성을 실천하여 인격을 갖추고, 그 인격을 통해 품격 있는 관계를 만들어 갑니다.
사회는 사람이 질로 유지됩니다.

▍품격은 외모나 교양이 아니라 관계의 방식이다

고운 말씨, 단정한 태도, 전통 예절. 이것들은 품격의 일부를 구성할 수 있습니다. 하지만 진짜 품격은 다음과 같은 관계의 순간에서 드러납니다.

- 상대가 나를 무시했을 때, 나는 어떻게 반응하는가?
- 누군가 실수했을 때, 나는 정죄(定罪)하는가, 이해하는가?
- 내가 잘못했을 때, 책임지는가, 아니면 회피하는가?
- 불의(不義) 앞에서, 나는 침묵하는가, 아니면 말할 줄 아는가?

품격은 관계 속에서만 드러나는 속성입니다.
그리고 그 관계를 건강하게 유지할 수 있는 힘은 결국 인성에서 비롯된 역량, 즉 공감력, 자제력, 회복 탄력성, 책임감, 용기 같은 삶의 질적 에너지를 필요로 합니다.

인간의 품격이 무너지는 시대

지금 우리 사회는 말이 거칠고, 갈등은 증폭되며, 신뢰는 무너지고 있습니다.
가짜뉴스, 혐오, 비방, 조롱, 무례함….
이는 단순한 개개인의 성격 문제가 아니라, 사회 전체의 인격이 흔들리고 있다는 신호입니다.

우리가 지금 다시 인성을 이야기하고, 사람됨(Being Human)을 되묻는 이유는 바로 여기에 있습니다.

좋은 말 한마디가 관계를 살리고, 품격 있는 행동 하나가 사회의 질서를 지킵니다.

그리고 그것은 누구나 배우고, 연습하며 실천할 수 있는 인성의 힘입니다.

▍정리하면,

인성은 사람답게 살아가기 위한 역량이며, 인격은 그 인성이 시간과 태도 속에서 일관되게 드러난 상태이고, 품격은 그 인격이 관계 속에서 감지되는 사람의 결입니다.

그리고 이 모든 것이 모여 우리가 말하는 사람됨(Being Human)을 이루게 됩니다.

8문

자유권과 사회권, 그리고 좋은 사람의 조건이란?

여러분은 좋은 사람을 어떻게 정의하시나요?

정직한 사람, 배려 깊은 사람, 약속을 잘 지키는 사람.

분명 모두 옳은 말입니다. 그런데 우리가 살아가는 사회가 함께 고려되지 않는다면, 그 좋음은 매우 추상적이고 단선적인 기준에 머물게 됩니다.

좋은 사람이라는 말은 단지 성품만을 말하지 않습니다.

그 사람의 성숙한 자유의지, 그리고 사회적 책임감까지 포함되어야 합니다.

그래서 우리는 이 장에서 "좋은 사람은 어떤 사회 속에서, 어떤 책임을 감당하며 살아가는가?"를 함께 고민해 보고자 합니다.

자유로운 사회가 곧 좋은 사회인가?

많은 사람들이 자유로운 사회에 살고 싶다고 말합니다.
생각을 말할 자유, 자신이 원하는 방식으로 일하고 살 수 있는 자유, 간섭받지 않을 자유, 경쟁할 자유, 떠날 자유. 하지만 자유는 그것만으로는 불완전합니다.
자유는 조건 없이 주어지는 것이 아니라, 보장되어야 하는 것입니다.
그리고 그 보장은 개인이 아니라 사회 전체의 책임이기도 합니다.
자유는 마땅히 누려야 할 권리지만, 그 권리가 실현되려면 사회적 기반, 즉 사회권이 함께 보장되어야 합니다.

자유권과 사회권은 함께 가야 한다

만약 가난한 사람이 책을 읽고 싶어도 도서관이 없다면, 아플 때 병원에 갈 돈이 없다면, 배우고 싶어도 학습 기회가 없다면, 그에게 자유는 무슨 의미가 있을까요?
자유권은 사회권 없이는 공허해집니다.

따라서 우리는 좋은 사회란, 자유권과 사회권이 균형 있게 보장되는 사회임을 인식해야 합니다.
그런 사회에서 비로소 모든 시민이 존엄한 삶을 살아갈 수 있는 기반을 갖게 됩니다.

▎그 사회 속, 좋은 사람은 어떤 사람일까?

그렇다면 그 사회를 살아가는 좋은 사람이란 어떤 사람일까요?

- 자신의 자유를 누리되, 타인의 자유도 존중할 줄 아는 사람.
- 권리를 요구할 뿐 아니라, 책임도 감당하려는 사람.
- 공동체의 규칙을 따르되, 불합리한 질서에는 질문할 줄 아는 사람.
- 혼자만 잘되는 삶보다, 함께 살아가는 방식을 고민하는 사람.

좋은 사람은 도덕적으로 착한 사람이 아니라, 자신의 자유와 타인의 권리가 연결되어 있다는 것을 아는 사람입니다.

▎인성은 이러한 균형을 실천하는 능력이다

지금까지 '인성'을 삶의 역량으로 이야기해 왔습니다.
그 인성의 핵심은 자유와 책임 사이에서 균형을 잡는 능력입니다.

- 내 권리를 주장하면서도 타인을 배려할 수 있는 감정 조절력
- 공동체의 규칙을 존중하면서도 스스로 판단할 수 있는 도덕적 사고력
- 불만을 표현할 줄 알되, 대화를 통해 갈등을 조정할 수 있는 관계 기술

- 실수했을 때 회복할 수 있는 자기 성찰력

이런 역량들은 단지 착하다는 말로 설명되지 않습니다.
이것이 바로 오늘날 우리가 말하는 좋은 사람의 인성입니다.

사회의 품격은 좋은 제도에서 시작되지만, 좋은 사람으로 완성된다

법과 제도는 사람들의 삶을 위한 틀을 만들어 줍니다.
하지만 그 틀 안에서 어떻게 살아갈지는 결국 사람의 몫입니다.
좋은 사회는 좋은 사람이 필요하고, 좋은 사람은 자유와 권리를 누릴 줄 아는 동시에, 그 사회에 책임을 지는 사람입니다.
그렇기에 인성은 개인적 문제가 아니라, 사회 전체의 품격을 완성하는 공공의 역량이라 할 수 있습니다.

정리하면,

좋은 사회는 자유로운 사람들을 위한 것이 아니라, 자유와 책임을 함께 실천할 줄 아는 성숙한 사람들을 위한 것입니다.
그리고 그런 사람은 인성을 통해 자유로운 삶과 책임 있는 관계를 연결해 낼 줄 아는 사람입니다.

Part 2

생애 발달과업으로서의 인성

인성은 한순간에 완성되지 않습니다.

사람됨은 생애 전 과정을 따라 점진적으로 형성되며, 각 시기마다 다른 방식으로 자라고, 다른 과제로 시험받습니다.

유아기에는 감정 표현과 타자 인식을 통해 관계의 씨앗이 뿌려지고, 아동기에는 규칙의 내면화와 책임감의 기초가 자리 잡습니다.
청소년기에는 정체성을 탐색하며 도덕적 판단력이 성장하고, 성인기에는 다양한 역할과 관계 속 책임을 통해 인성이 확장됩니다.
노년기에는 관계의 상실을 수용하고, 관용과 회복을 통해 인성을 되새깁니다.

결국 인성이란, 각 생애 주기에서 마주하는 갈등과 선택을 어떻게 감당했는가의 결과이며, 삶 전체를 통과하며 다듬어지는 사람으로 살아가는 능력입니다.

9問

유아기의 인성?

감정 표현과 타자(他者) 인식의 시작

"아이들은 거울이다."

이 말을 들어보신 적 있으신가요?

유아기는 부모나 양육자, 교사, 주변 어른들의 말과 행동을 그대로 따라 하며 세상을 배워가는 시기입니다.

이 시기 아이들은 단순히 지식을 습득하는 존재가 아니라, 관계를 경험하고 감정을 익히며 '사람이 되어가는 법'을 배워가는 존재입니다. 그리고 그 배움의 첫 단추가 바로 '인성'입니다.

유아기의 인성은 감정에서 시작된다

우리는 보통 인성에서 정직, 책임, 배려 같은 성인군자와 같은 도덕성을 떠올리지만, 유아기에서 인성의 출발은 아주 단순한 감정에서 시작됩니다.

- 내가 화났다는 걸 알아차리고 표현할 수 있는가?
- 내가 기쁘거나 속상한 감정을 말로 설명할 수 있는가?
- 다른 사람의 표정을 보고 기분이 안 좋아 보인다고 느낄 수 있는가?

감정을 인식하고 표현하는 능력은 인성의 씨앗입니다.
이 감정의 언어를 익히는 과정이 바로 '사람됨'의 출발점이 됩니다.

▌유아기의 인성은 '타자'와의 관계에서 자라난다

'나'라는 존재만으로는 인성이 길러지지 않습니다.
'너'라는 타자와 관계를 맺으며 아이는 조금씩 자신의 행동을 조절하기 시작합니다.

- 친구의 장난감을 빼앗고 나서 울음을 들었을 때
- 함께 놀고 싶은데 친구가 거절했을 때
- 어른이 "미안하다고 해야지."라고 말했을 때

이런 경험 하나하나가 타인의 감정과 욕구를 인식하고, 내 행동을 조절하는 훈련의 계기가 됩니다. 즉, 유아기 인성의 핵심은 타자에 대한 민감성에서 출발한다고 할 수 있습니다.

▌유아기의 인성교육은 훈화가 아니라 모델링이다

유아는 아직 도덕적 언어나 개념을 논리적으로 이해할 나이가 아닙니다.
그 대신 말보다 눈, 행동보다 분위기, 감정보다 태도를 먼저 학습합니다.

- "친구랑 사이좋게 지내야 해."라고 말하기보다 중요한 건 선생님이 친구에게 따뜻하게 말하는 걸 보는 것입니다.
- "고마워는 예의 있는 말이야."라고 말하기보다 더 중요한 교육은 부모가 자연스럽게 "고마워."라고 말하는 모습입니다.

유아기는 말로 가르치는 시기가 아니라, 보여주며 배우는 시기입니다.
따라서 이 시기 인성교육의 핵심은 양육자와 교사의 인성입니다.

▌반복되는 일상의 질서가 인성을 만든다

유아는 갑작스러운 훈계보다 예측 가능한 반복과 규칙 안에서 안정감을 느낍니다.

- 놀이가 끝나면 정리하기
- 인사하기
- 고운 말 쓰기
- 타인의 몸에 함부로 손대지 않기
- 누가 먼저인지, 다음인지 지켜보기
- 화났을 땐 "나 화났어."라고 말하기

이런 단순한 일상은 질서, 배려, 자율성, 감정 조절을 자연스럽게 훈련시켜 줍니다. 결국 유아기의 인성은 일상의 구조, 반복되는 관계 속에서 자라납니다.

▍유아기의 인성은 빨리빨리보다 차근차근이다

요즘 사회는 너무 빠르게, 너무 일찍, 너무 많이 가르치고자 합니다. 하지만 유아기는 속도보다 안정, 정보보다 관계, 훈련보다 공감이 더 중요합니다.

"그게 왜 싫었는지 말해볼래?"
"친구가 놀고 싶지 않대. 그 마음은 어땠을까?"
"화났을 때는 어떻게 하면 좋을까?"

이렇게 함께 감정을 정리해 주고, 마음을 통과시키는 시간이 유아기의 인성을 길러주는 가장 좋은 방법입니다.

　이런 면에서 볼 때, 4~5세 영어 교육, 사랑으로 포장한 부모의 폭력입니다.

▎정리하면,

　유아기의 인성은 도덕이 아닙니다. 감정이고, 관계이며, 안전함입니다.

　이 시기 아이들이 배워야 하는 것은 '도덕적인 말'이 아니라, 내 감정을 이해받고, 타인을 존중하는 경험을 반복하는 것입니다.

　사람됨의 첫걸음은 그렇게 시작됩니다.

10問

아동기의 인성?

규칙 내면화와 책임감 형성

아동기는 '규칙'이라는 단어가 삶 속에 본격적으로 들어오는 시기입니다.

유아기에는 감정과 관계가 중심이었다면, 아동기는 그 관계를 지속하기 위한 규칙과 책임의 의미를 이해하기 시작합니다.

이 시기의 인성은 왜 해야 하는가, 어떻게 해야 하는가, 그리고 내가 어떻게 행동해야 하는가에 대한 고민과 훈련을 본격적으로 시작하는 시기입니다.

▎아동기는 내면의 규칙을 만드는 시기이다

초등학교에 입학하면서 아이들은 다양한 규칙과 제도 안에서 생활하게 됩니다.

- 아침 시간에 등교하기
- 수업 중에는 조용히 하기
- 선생님 말씀 잘 듣기
- 식사 예절 잘 지키기
- 정해진 장소에서 놀기
- 복도에서 뛰지 않기
- 줄 서기, 차례 지키기, 약속 지키기
- 친구의 물건과 신체를 허락 없이 만지지 않기

이 모든 행동들은 단지 겉으로만 지켜야 할 규칙이 아니라, 내면화된 습관이 되어야 할 인성의 기초입니다.

즉, 타인의 입장과 공동체의 질서를 고려한 '자율적 규제'의 시작이 바로 이 시기입니다.

해야 하니까 한다가 아니라 왜 해야 하는지를 생각해야 한다

아동기는 사고의 틀이 확장되는 시기입니다.

처음엔 "어른이 시키니까.", "선생님이 화내니까." 지키던 규칙도 점차 "왜 그런 규칙이 필요할까?"를 생각하게 됩니다.

이 시기에 중요한 것은 설명 없는 통제가 아니라, 이해를 동반할 수 있는 지도입니다.

"이건 네가 지켜야 할 규칙이야."가 아니라 "이 규칙은 모두가 함께 지내기 위해 필요한 약속이야."라고 말해주는 것이 필요합니다.

▎책임감은 작은 일의 완수에서 시작된다

이 시기의 아이들에게 책임감을 가르친다고 해서 큰일을 맡길 필요는 없습니다.

오히려 작고 반복되는 일상적 책임의 완수가 훨씬 효과적입니다.

- 맡은 역할을 끝까지 해보기
- 잊지 않고 준비물을 챙겨오기
- 친구와 약속을 지키기
- 내가 만든 실수를 회피하지 않고 정리해 보기

이러한 경험이 쌓일수록, 아이는 책임지는 것이 억울하거나 무거운 것이 아니라, 나를 믿게 만들고 친구가 나를 믿는 경험이라는 걸 배우게 됩니다.

▎아동기의 인성은 역할과 자율성의 균형 속에서 커 간다

이 시기에는 다양한 역할 수행의 기회를 주는 것이 중요합니다.

반장, 조장, 발표자, 발표 도우미, 정리 담당, 회의 기록자 등 실천을 통해 내가 공동체 안에서 할 수 있는 일이 있다는 것을 경험하게 합니다.

다만, 중요한 것은 자율성의 공간도 함께 보장해야 한다는 점입니다.

- 선택하게 해주기
- 스스로 조절할 기회 주기
- 실수해도 다시 해볼 수 있도록 기다려 주기

책임감은 자유 속에서 피어나는 자율의 꽃입니다.

규칙 교육은 처벌이 아니라 회복 중심으로

규칙을 지키지 못했다고 해서 바로 혼내고 벌주는 것은 아이를 위축시키거나, 규칙을 두려운 것으로 만들 수 있습니다.

오히려 이 시기엔

"그 규칙을 왜 어기게 됐는지."
"다음에는 어떻게 하면 좋을지."
"누가 어떤 불편을 겪었는지."를 함께 이야기해 보는 과정이 필요합니다.

회복적 접근이 인성의 정착을 도와줍니다.
필요하면, 부모와 함께 아이의 잘못을 고쳐나가야 합니다.

▍ 정리하면,

아동기의 인성은 규칙을 타율적으로 지키는 사람이 되는 것이 아니라, 규칙의 의미를 이해하고 스스로 책임질 줄 아는 사람이 되는 과정입니다.
타인의 시선이 아닌, 내 안의 기준으로 스스로를 조절하고 행동하는 힘.
그것이 이 시기 인성의 핵심입니다.

11問

청소년기의 인성?

감정, 정체성, 선택, 도덕적 판단의 시기

청소년기는 삶 전체를 흔드는 질문이 시작되는 시기입니다.

"나는 누구인가?"
"나는 왜 이러지?"
"나는 어떤 사람이 되어야 하지?"

이 질문들은 단순히 철학적 호기심이 아닙니다.
그것은 자기 삶을 자기 손에 쥐고자 하는 내면의 몸부림이자, 정체성을 형성하려는 인간 발달의 중심축입니다.

그리고 바로 이 시기에 형성되는 인성은 감정의 진폭 속에서 자신을 견디고, 갈등과 혼란 속에서 의미를 찾으며, 도덕적 판단을 통해 책임 있게 행동할 수 있는 살아 있는 능력입니다.

▌ 감정의 폭풍 속에서 인성은 흔들리고 성장한다

청소년기의 가장 두드러진 특징은 감정의 극단입니다.

질풍노도(疾風怒濤)의 시기입니다.

사춘기이기도 하고, Erickson의 표현대로는 정체감 혼란의 시기입니다.

조금만 서운해도 크게 상처받고, 작은 무시에도 깊은 분노를 품습니다.

논리보다 감정, 지시보다 관계, 통제보다 자율이 더 큰 영향을 미치는 시기입니다. 이는 청소년기가 성인으로 이행하는 단계이기 때문입니다.

이행기적 불안(Transitional Anxiety)이 존재하는 겁니다.

이 시기에는 이성적 설명보다 감정의 공감이 필요하고, 명령보다 관계의 신뢰가 우선이며, 통제보다 선택의 경험이 중요합니다.

이처럼 격한 감정의 흐름을 스스로 인식하고 조절하는 능력, 즉 자기 조절력과 감정 조절력은 청소년기 인성 발달의 핵심입니다.

이 능력을 키우지 못하면 감정에 끌려다니게 되고, 결국 인성은 흔들리는 기반 위에 놓이게 됩니다.

▌ 정체성 혼란은 자기 이해의 출발점이다

유아기와 아동기에는 '타인이 정의한 나'로 살아갑니다.

"넌 착한 아이야."
"넌 누나니까 참아야지."
"넌 공부 잘하잖아."

그러나 청소년이 되면, 그 정의에 더 이상 쉽게 동의하지 않습니다.
스스로 정체성을 규정하고자 하지만, 그 답을 찾지 못하는 불안 속에서 흔들립니다.

"나는 누구인가?"
"남들이 보는 나는 진짜 나인가?"
"나는 어떤 사람이 되고 싶은가?"
"남들이 나를 어떻게 볼까?"

이 혼란은 고통스럽지만 동시에 성찰의 문을 여는 열쇠이기도 합니다.
정체성 혼란은 실패가 아니라 자기 이해의 출발점이며, 이 시기의 인성은 바로 이 질문을 포기하지 않고 붙드는 힘에서 형성됩니다.

이 과정에서 청소년은 종종 상상의 청중(Imaginary Audience)을 경험합니다.*

자신이 누군가에게 늘 주목받고 있다고 믿으며, 모든 이의 시선이 자기에게 향해 있다고 느끼는 심리 현상입니다.

"내 머리 모양이 이상해 보이지 않을까?"
"내가 말한 걸 친구들이 다 기억하면 어쩌지?"

이런 과도한 타인 의식은 혼란을 주지만, 동시에 자기 존재에 대한 자각을 확대하는 성장 통로가 되기도 합니다.

또한, "내가 느끼는 이 감정은 아무도 이해하지 못할 거야."라는 개인적 우화(Personal Fable)의 사고도 자주 나타납니다. 이 역시 청소년기 특유의 자아 형성과 주관적 세계 인식이 만드는 심리적 발달 현상입니다.

이처럼 청소년의 정체성은 상상과 실제, 공감과 고립의 경계를 넘나들며 형성됩니다.

▍선택의 경험은 책임을 가르친다

하지만 동시에 청소년기는 생애 처음으로 선택이 가능한 시기입니다.

---

* '상상의 청중'과 '개인적 우화'는 미국의 발달심리학자인 David Elkind가 1967년 「Egocentrism In Adolescence」 논문에서 처음 제안한 개념이다.

- 학점제하에서 어떤 과목을 들을지
- 동아리는 뭐를 하고, 어떤 친구와 어울릴지
- 어떤 진로를 탐색할지
- 어느 학과로 진학할지
- 취업할지

이러한 선택의 대부분은 '완결'이 아닌 '탐색'이지만, 그 선택을 자신의 말과 행동으로 경험하고 반추하는 과정 자체가 인성의 훈련입니다.

선택은 책임과 연결되어야 합니다.
그래야만 "내 삶은 내 손에 있다."라는 자각이 생기고, 이 자각은 자립성과 주도성이라는 인성의 중요한 요소로 이어집니다.

도덕적 판단은 갈등을 통과하며 자란다

청소년기는 도덕적 갈등이 날마다 발생하는 시기입니다.

- 친구가 규칙을 어겼을 때, 말려야 할까? 모른 척할까?
- 나에게 이익이 되는 일이 누군가에겐 손해가 된다면?
- 모두가 따르지만, 나는 그게 불편하다면?

이 시기에 중요한 건 정답을 아는 것이 아니라, 자신의 판단에 근거해 행동하고, 그 결과에 책임질 수 있는 도덕적 주체성입니다.

그리고 이것은 단지 사회적 매너나 예절이 아닌, "나는 어떤 사람으로 살아가고 싶은가?"라는 내면의 기준을 세우는 과정입니다.

▎실패와 회복은 인성을 단련시키는 진짜 교과서다

청소년기는 실수하는 시기입니다.

거짓말도 하고, 친구를 실망시키기도 하고, 때론 무책임하게 굴기도 합니다.

그런데 이 시기 인성의 진정한 훈련장은 실수하지 않는 삶이 아니라, 실수 후 회복하는 삶에 있습니다.

- 사과할 줄 아는 용기
- 감정을 정리해 말로 표현하는 능력
- 다시 관계를 회복하려는 태도

이것이 반복될수록 아이는 자신의 삶을 책임지는 성숙한 인격체로 성장하게 됩니다. 그러나 현재의 학교폭력 대책은 이 모든 가능성을 없애버리는 블랙홀이 되어버렸습니다.

지금 학교에는 격리와 처벌이라는 단세포적 반응만이 남아 있을 따름입니다.

▌ 인성교육은 훈계가 아니라 토론과 동행이다

청소년에게는 "이건 옳고, 이건 나쁘다."라는 단정은 통하지 않습니다. 그들은 스스로 논리적으로 납득할 수 있는 도덕을 원하며, 자신의 가치관을 탐색하고 구성하고 실험하고자 합니다.

- 정답을 말해주는 교육보다, 질문을 함께 붙드는 교육
- 암기보다 토론, 훈계보다 대화
- 가르침보다는 경청과 기다림
- 혼자하기보다는 함께 토론하는 수업

이런 교육만이 청소년기 인성을 건강하게 키울 수 있습니다.

▌ 정리하면,

청소년기의 인성은 감정, 정체성, 선택, 갈등, 실패와 회복을 통과하면서 형성되는 내면의 힘입니다.

이 시기의 인성은 착하게 굴어야 한다는 명령이 아니라, 나는 어떤 사람으로 살고 싶은가를 사유하는 삶의 탐색이어야 하며, 그 탐색은 혼란과 실패를 허용하는 공간 속에서 자라납니다.

우리가 해야 할 일은 이 시기의 아이들을 판단하거나 통제하는 것

이 아닙니다. 곁에 서서 묻고, 기다리고, 지지해 주는 어른이 되는 것. 그것이 청소년기의 인성을 성장시키는 진짜 어른의 역할입니다.

12間

성인의 인성?

관계와 책임, 윤리적 자율성

청소년기에는 "나는 누구인가?"라는 질문이 중심이었다면, 성인이 되면 질문은 이렇게 바뀝니다.

"나는 어떤 관계를 맺으며, 어떤 책임을 감당하며 살아갈 것인가?"

성인의 삶은 더 이상 학교라는 울타리 안에 머물지 않습니다.

우리는 직장에서, 가정에서, 사회의 일원으로 수많은 사람들과 관계를 맺고 그 관계 안에서 책임을 선택하거나 회피하며 살아갑니다.

이때 인성은 실천되고 드러나는 삶의 태도가 됩니다.

그리고 학교와는 다른 새로운 배움이 필요하기도 합니다.

▎성인의 인성은 '관계'를 통해 드러난다

성인의 인성은 시험으로 측정할 수 없습니다.
그 대신 일상 속에서 자연스럽게 드러납니다.

- 직장에서의 협업과 갈등 속에서
- 가정 내 역할 분담과 감정 소통에서
- 사회적 갈등에 대한 참여와 책임 속에서
- 다양한 동아리 활동의 참여 속에서

성인은 말이 아니라 태도로, 이론이 아니라 선택으로, 결과가 아니라 관계의 지속성으로 인성을 증명합니다.

▎성인의 인성은 책임의 무게를 감당하는 힘이다

성인이 된다는 것은 자신의 선택에 대해 누군가 대신 책임져 주지 않는다는 뜻입니다.
성인이란 곧 의사능력, 행위능력, 책임능력의 보유를 의미하기 때문입니다.

- 맡은 일을 미루거나 포기했을 때
- 관계를 가볍게 여겨버렸을 때

- 불의를 보면서도 침묵했을 때

이 모든 순간에 책임의 윤리가 작동합니다.
성인의 인성은 바로 이러한 순간에 책임을 회피하지 않고 감당하려는 태도에서 비롯됩니다.

윤리적 자율성은 성인의 핵심 인성이다

성인의 삶은 무수한 회색(灰色)지대 위에 놓여 있습니다.
정답이 없는 선택, 타협과 충돌, 이익과 정의가 충돌하는 순간들.
이럴 때 필요한 것은 외부의 통제가 아니라 내면에서 작동하는 윤리적 나침반입니다.

- 법에 어긋나지 않아도, 과연 그것이 옳은가?
- 모두가 그렇게 하더라도, 나는 같은 선택을 할 것인가?
- 누가 보지 않아도, 나는 책임 있는 행동을 할 수 있는가?

이러한 윤리적 자율성이 성인의 인성에서 가장 중요한 기반입니다.

▎성인의 인성은 관계의 지속 가능성을 통해 검증된다

좋은 사람은 첫 만남에서만 평가되지 않습니다.
진짜 인성은 시간이 흐르며 지속되는 관계 속에서 드러납니다.

- 일할 땐 성실했지만, 책임을 회피하며 사라지는 사람
- 친절했지만, 갈등 앞에서 비난만 하는 사람
- 정당한 의견을 말하면서도, 타인을 존중하지 않는 사람
- 처음은 존중하는 척하다가, 나중에는 지배하려고 하는 사람

결국 관계를 지속할 수 있는가가 성인의 인성을 가르는 결정적 기준이 됩니다.

▎성인도 계속 사람다워지는 중이다

종종 우리는 성인은 이미 완성된 사람이라고 오해합니다.
하지만 그렇지 않습니다. 성인도 계속해서 사람다워지고 있는 중입니다.

- 실패 후의 회복
- 관계 안에서의 성장
- 갈등 이후의 통찰

- 돌봄을 주고받는 경험
- 나를 도와준 사람들에 대한 보답

이 모든 과정을 통해 우리는 더 성숙한 사람으로 '되어가는 중'입니다.

▌ 정리하면,

성인의 인성이란, 관계를 책임지고 지속할 수 있는 능력이며, 윤리적 자율성에 따라 선택하고 실천할 수 있는 힘입니다.

'무엇이 옳은가.'보다, '어떻게 살아갈 것인가.'를 묻는 태도가 사람의 품격을 만들어 갑니다.

13間

노년기의 인성?

관용, 회복, 품위 있는 늙음

많은 사람들이 이렇게 말합니다.
"나이를 먹으면 저절로 어른이 된다."
하지만 실제로는 그렇지 않습니다.
나이와 성숙은 다르며, 노년과 품격은 반드시 함께 오지 않습니다.
늙는다는 것은 단지 세월의 흐름이 아니라, 어떤 삶을 살아왔고, 앞으로 어떤 태도로 살아갈 것인가를 다시 묻는 시기입니다.
그리고 그 물음에 응답하는 방식은, 노년기의 인성에서 드러납니다.

나이는 많지만, 어른이 아닌 사람이 있다

우리는 종종 어르신이라는 말을 나이로 자동 부여합니다.
하지만 모두가 존경받는 노인, 품위 있는 어른이 되는 것은 아닙니다.

- 자기 말만 주장하고 타인을 존중하지 않는 사람
- 과거의 기준만 고집하며 변화를 거부하는 사람
- 상대방을 깎아내리고 젊은 세대를 탓하는 사람
- 왕년(往年) 타령으로 하루를 보내는 사람
- 배우려 하지 않고 다른 사람에게 해달라고 하는 사람
- 무조건 우대받으려고만 하는 사람

이런 모습은 연륜보다 성숙이 결여된 인격의 신호일 수 있습니다.

노년기의 인성은 '살아온 시간'이 아니라, 그 시간을 어떻게 품고 살아가는가에 달려 있습니다.

노년기의 인성은 관용에서 시작된다

노년은 과거를 안고 현재를 사는 시기입니다.
그만큼 다양한 상처, 갈등, 경험, 후회를 품고 살아갑니다.
그런 노년이 성숙해지기 위해 필요한 것은 관용입니다.

- 나와 다른 세대의 감수성을 이해하려는 태도
- 인정하지 못했던 과거를 돌아보는 용기
- 타인의 삶을 판단하지 않고 기다려 주는 여유

관용은 단지 너그러움이 아니라, 살아온 삶을 받아들이고, 타인의 삶을 존중하려는 내면의 여백입니다.

▎품위 있는 늙음은 성찰과 회복 위에 세워진다

노년은 필연적으로 손실과 상실의 시기이기도 합니다.
직업의 상실, 건강의 저하, 관계의 단절, 가족 내 역할 변화 등.
이런 변화 앞에서 중요한 것은 그 상황을 어떻게 받아들이고 회복하는가에 있습니다.

- 내 삶을 돌아보고 이해하는 힘
- 감정을 억누르기보다 표현하고 정리하는 힘
- 관계를 끊기보다 이어가려는 의지
- 부족함을 받아들이고 도움을 청하는 용기

이런 회복의 과정은 노년기의 인성 훈련이자, 삶의 품격을 지키는 마지막 자기 수업입니다.

▎노인의 인성은 세대와 공동체에 주는 마지막 선물이다

노년의 인성은 개인에게만 머무르지 않습니다.

그것은 다음 세대를 위한 메시지이자, 공동체 전체의 품격을 결정짓는 마지막 장면입니다.

존중받고 싶은 노인은, 타인을 존중할 줄 알아야 하며, 외로움을 느끼는 노인은, 공동체 속에서 연결을 만들어 가야 합니다.
틀에 갇힌 채 고립되지 않고, 세상과 함께 늙어갈 줄 아는 자세가 필요합니다.
지혜롭고 품위 있는 노년은 그 자체로 사회적 공공재입니다.
그것은 말이 아니라 태도로, 지시가 아니라 행동으로 전달됩니다.
우리 시대가 필요한 진정한 '어른'의 모습입니다.

고령사회는 존엄한 늙음을 배워야 한다

대한민국은 이제 초고령사회로 접어들고 있습니다.
하지만 사회는 아직도 '노년'에 대해 충분히 고민하지 않았습니다.

- 유튜브 속 분노
- 혐오와 배제의 언어
- 사회적 고립과 자기중심성
- 서울 탑골공원 앞에서의 사소한 다툼

이런 모습들은 단지 개인의 문제가 아니라, 노년기의 인성교육이 부재한 사회적 결과입니다.

  이제 우리는 '늙음'도 배워야 하는 시대입니다.
  그리고 '노년기의 인성'이야말로 가장 품격 있는 공공 교육의 한 장르임을 인식해야 합니다.
  아동·청소년기와는 다른 형태의 배움이 필요합니다.
  삶을 정리하되, 동시에 전인(全人)이 되고자 하는 배움이 그것입니다.

Part 3
다양한 관계 속에서 만들어지는 인성

인성은 홀로 만들어지지 않습니다.

인성은 언제나 관계 속에서 형성되고, 다듬어지고, 드러납니다.
자기 자신과의 관계에서는 성찰이 자라고, 가족 안에서는 부모, 형제자매와의 사이에서 애착과 갈등을 배우며, 학교에서는 또래, 교사, 선후배와의 관계를 통해 타인에 대한 감수성과 규칙을 익힙니다.
성인이 되면 일차적 관계를 벗어나 직업 세계 속 이차적 관계가 중심이 된 삶이 시작되고, 가정을 꾸리고, 자녀를 돌보는 등 다양한 역할과 책임을 통해 인성은 한층 더 확장됩니다.
노년에는 관계의 상실과 고독을 받아들이는 내면의 깊이가 인성의 핵심으로 떠오릅니다.
삶의 단계마다 마주하는 관계의 양상은 달라지지만, 그 모든 만남 속에서 인성은 반응하고 조율하며, 끝없이 변합니다.
결국, 인성이란 관계를 맺는 우리의 방식 속에서 살아 움직이는 품성 그 자체입니다.

14問

개인의 내면 속의 관계?

자신과의 관계, 자기 인식과 성찰의 힘

우리는 종종 인성을 다른 사람과의 관계 속에서만 생각합니다.

"저 사람은 참 배려 깊어."
"성격이 둥글둥글해서 사람들과 잘 지내."
"혼자 있을 땐 몰랐는데, 같이 일해 보니 인성이 보이더라."

맞는 말입니다.
인성은 분명 타인과의 관계 속에서 드러나는 실천적 특성입니다.
그러나 그 출발점은 늘 자기 자신과의 관계입니다.
그리고 그것이 바로 개인의 내면, 즉 자기 인식과 성찰의 힘입니다.

▎나 자신을 모른 채, 타인을 배려할 수는 없다

"내가 누군지도 잘 모르는데, 어떻게 다른 사람을 이해하겠어요."

이 말은 자주 들리는 말처럼 들리지만, 사실 그 안에 깊은 진실이 담겨 있습니다.

- 내가 어떤 상황에서 감정이 흔들리는지
- 나는 무엇을 두려워하고 있는지
- 어떤 말에 예민하게 반응하는지
- 어떤 행동을 반복적으로 후회하는지

이런 질문에 답하지 못하면, 타인과의 관계에서도 무의식적으로 상처를 주거나 피하게 되는 일이 반복됩니다. 자기 인식은 타인을 존중하기 위한 첫걸음입니다.

▎인성은 자기를 다룰 줄 아는 힘에서 시작된다

인성의 핵심은 외부에서의 규범 이전에, 내면에서의 질서입니다.

- 감정이 올라올 때, 그것을 있는 그대로 느끼되 휘둘리지 않는 능력
- 실수했을 때, 핑계를 대지 않고 자신의 책임을 성찰하는 자세

- 불안하거나 외로울 때, 타인을 향해 상처 주지 않고 자기감정을 정리하는 힘
- 혼자 있을 때도 도리에 어긋나지 않는 마음가짐

이 모든 것이 자기를 다룰 줄 아는 능력, 자기 조절력과 자기 성찰력입니다.

▎자기 인식은 타고나는 것이 아니라, 배워야 하는 것이다

어떤 분들은 이렇게 말씀하십니다.

"저 아이는 어려서부터 자기감정 표현을 잘하더라."
"나는 원래 내성적이라 내 마음을 말하기 어려워요."

하지만 자기 인식은 성향이 아닙니다.
훈련을 통해 길러지는 삶의 기술입니다.

- 감정 언어를 배워야 표현할 수 있고
- 성찰의 시간을 가져봐야 자신을 돌아볼 수 있습니다.
- 피드백을 받을 기회가 있어야 나를 객관화할 수 있습니다.

그러므로 자기 인식은 '타고난 성격'이 아니라 '배워야 할 인성 역량'

입니다.

┃ 성찰은 실패와 후회 속에서 자라난다

성찰(Deep Self-Reflection)은 언제 시작될까요?
대부분은 삶이 흔들릴 때, 무언가를 놓쳤을 때, 혹은 누군가에게 상처를 주고 나서야 비로소 시작됩니다.

- 말 한마디로 친구가 상처받았을 때
- 참지 못해 화를 내고 돌아서서 후회할 때
- 하지 말았어야 할 행동을 또다시 반복했을 때

이럴 때 우리는 스스로에게 질문하게 됩니다.

"왜 그랬을까?"
"내가 정말 원했던 반응이었을까?"
"다시 같은 상황이 온다면 어떻게 할까?"

이 질문을 붙들고 있는 사람이 조금씩, 조금씩 다른 삶의 방식, 다른 선택의 가능성을 탐색하기 시작합니다.
바로 그 지점에서 성찰(Self-Reflection)이 시작되고, 그 성찰이 인성(Character)을 자라게 합니다.

그러기에 성찰은 청소년기의 인성 발달에서 가장 중요한 성장 메커니즘입니다. 성찰은 곧 화두(話頭) 붙들기입니다.

▎자기 인식을 도와주는 질문들

아이든 어른이든, 자기 인식을 시작하는 데 도움을 주는 질문들이 있습니다.

- 지금 내 감정은 무엇인가요?
- 나는 어떤 말에 자주 상처받나요?
- 나는 스스로에게 어떤 말을 자주 하나요?
- 내가 자주 후회하는 행동은 무엇인가요?
- 나는 어떤 사람들과 있을 때 편안함을 느끼나요?

이 질문들은 단순하지만, 지속적으로 생각해 보는 연습이 되어야 내면에 조용한 질서가 자리 잡습니다.

▎정리하면,

인성은 결국 나를 제대로 알고, 나를 다루는 능력에서 출발합니다. 그리고 그 능력이 바탕이 되어야 타인과 건강하게 관계 맺고, 공동체 속에서 책임 있게 살아갈 수 있습니다.

자기 인식과 성찰은 인성의 뿌리입니다.

그 뿌리가 단단할수록 사람은 흔들려도 쉽게 무너지지 않습니다.

우리 모두 신독(愼獨)합시다.

15問

가정에서의 관계?

부모와 형제자매와의 관계가 인성의 시작

많은 분들이 이렇게 묻곤 합니다.
아이의 인성은 학교에서 가르쳐야 하지 않나요?

물론 학교도 인성교육에서 중요한 역할을 합니다.
하지만 인성의 가장 깊은 뿌리는 언제, 어디서 자랄까요?
그 시작은 단연 가정입니다.

가정은 아이가 처음으로 관계를 맺고, 감정을 표현하며 인정받고, 규칙을 배우고 경계를 느끼는 최초의 사회입니다.
부모는 단지 보호자가 아니라, 삶의 태도를 비치는 거울이며, 인성교육의 가장 강력한 교사입니다.

아이는 말을 듣지 않고, 행동을 따라 한다

부모는 아이에게 많은 말을 합니다.

"친구랑 사이좋게 지내야 해."
"'고맙습니다.'라고 꼭 말해야지."
"화를 내지 말고 천천히 말하렴."

하지만 정작 아이는 그런 말을 따라 하기보다, 부모가 실제로 어떻게 말하고, 행동하고, 감정을 다루는지를 따라 배웁니다.

- 부모가 짜증을 참지 못하는 모습
- 집에서 무심코 내뱉는 험한 말
- 화가 날 때마다 물건을 던지는 버릇
- 툭하면 부부싸움과 폭행
- 폭음(暴飮)과 새벽 귀가

이 모든 것은 말보다 훨씬 강력한 인성교육이 됩니다.
아이는 훈육보다, 함께 살아가는 방식 속에서 인성을 체득합니다.

▌가정은 감정 조절력을 처음 배우는 공간이다

아이들은 처음부터 감정을 조절할 줄 모릅니다.
울고, 떼쓰고, 화내고, 도망치고, 부정합니다.
이때 가장 중요한 것은 감정 표현을 억제시키는 것이 아니라, 그 감정을 다룰 수 있도록 도와주는 것입니다.

"화가 났구나. 어떤 점이 제일 속상했어?"
"그 말에 마음이 아팠겠다."
"괜찮아. 다시 얘기해 보자."

이런 말들은 아이가 감정을 인식하고 표현하는 방법을 배우게 하며, 이는 자기 조절력과 사회적 관계의 기초가 됩니다.
이 모든 관계 훈련은 학교나 사회 이전에, 가정에서부터 시작합니다.

▌부모는 규칙을 설명하는 사람이어야 한다

가정에는 작지만 중요한 규칙들이 있습니다.

- 식사 전에 손 씻기
- 자리에 앉아서 먹기
- 사용한 물건 정리하기

- 다툰 뒤 사과하기

 이 규칙들은 단순히 생활 습관이 아니라, 질서, 배려, 공동체, 책임감을 배우는 인성의 기초 훈련입니다.
 하지만 "안 돼!", "그렇게 하면 혼나!"라는 말만 반복된다면 아이는 규칙을 이해하지 못한 채 강요(强要)로 받아들일 위험이 있습니다.
 규칙은 설명되어야 하고, 가능하면 함께 정해지고, 아이의 수준에서 지킬 수 있는 방식으로 안내되어야 비로소 내면화된 인성으로 자리 잡습니다.

▎부모의 감정 조절력이 곧 아이의 인성 자원이다

 부모도 사람이기에 화가 날 수 있습니다.
 하지만 감정을 어떻게 표현하느냐는 곧 아이에게 전달되는 메시지가 됩니다.

- 욱하고 소리 지르기
- 비꼬거나 냉소적으로 말하기
- 무시하거나 외면하기
- 툭 하면 주먹 휘두르기

 이런 방식은 아이에게도 감정을 폭발시키거나 억압하는 태도를 전

이시킵니다. 반대로,

"엄마도 지금 화가 나, 근데 너를 탓하는 건 아니야."
"우리 잠깐 진정하고 다음에 다시 이야기하자."

이런 말들은 감정을 표현하고 조절하는 방식을 가르쳐 주는 인성 훈련입니다.

가정에서의 차별과 과잉보호는 인성을 왜곡시킬 수 있다

가정은 인성의 기초가 형성되는 공간입니다.
하지만 그 안에서의 차별적인 태도나 무조건적인 보호가 이루어질 경우, 아이의 인성은 건강하게 성장하기보다는 왜곡될 위험이 높아집니다.

口 자식 간의 차별은 비교의식과 열등감을 남긴다

- 큰형에게는 새 옷을 사주고, 막내는 늘 헌 옷만 물려받게 하거나
- 공부 잘하는 자녀는 칭찬받고, 조용한 자녀는 늘 무시당하거나
- 아들딸에 따라 기대 수준과 허용하는 자유 수준이 다를 때

이러한 차별적 양육 태도는 아이로 하여금 자기 존재의 기본적인

가치에 대한 불신을 낳게 하고, 끊임없는 비교와 열등감 속에서 자존감을 소모하게 만듭니다. 형제자매 간 경쟁심과 분노, 소외감은 결국 건강한 인간관계 형성과 감정 조절 능력을 해치는 요인이 됩니다.

□ 다른 집 자녀와의 비교는 또래 관계 형성을 해친다

"너는 왜 옆집 ㅇㅇ처럼 공부를 못 하니?"
"임대 아파트 사는 아이랑은 어울리지 마"

이처럼 다른 가정의 아이들과의 비교, 또는 사회경제적 조건을 기준으로 한 관계 차별은 아이에게 열등감과 우월감, 거리 두기, 낙인찍기를 학습시킵니다.
결과적으로 아이는 또래 친구를 함께 자라야 할 존재가 아니라 이겨야 할 대상, 경계해야 할 타자(他者)로 인식하게 되며, 건전한 관계 맺음과 공감 능력은 자라날 수 없습니다.
사회적 차별 의식은 가정에서부터 학습됩니다.

□ 무조건적 지원은 현실 감각과 책임감을 흐리게 만든다

"넌 우리 집 왕자님이야."
"넌 공주니까 뭐든지 다 해줄게."

작은 좌절도 겪지 않도록 미리 해결해 주거나, 모든 문제를 대신 감당하는 과잉보호는 아이가 실수, 갈등, 책임이라는 현실의 경험을 배울 기회를 박탈합니다.

이런 아이는 결국, 학교나 사회에서 마주치는 타인의 경계, 거절, 갈등을 견디지 못하고, 자신 중심의 시각에서 벗어나지 못하는 성인으로 성장할 수 있습니다. 아이에게 필요한 것은 조건 없는 사랑이지, 조건 없는 승인이나 면책이 아닙니다.

□ **인성은 공정하고 일관된 관계 안에서 길러진다**

인성은 좌절의 경험, 규칙의 인식, 책임의 실천을 통해 깊어집니다.
그리고 그러한 경험은 공정하고 일관된 태도, 사랑 안에서의 질서 있는 경계, 비교 없는 인정과 존중 속에서만 안전하게 학습될 수 있습니다.
가정은 아이가 사람됨(Being Human)의 기초를 배워가는 첫 번째 공동체입니다.
그리고 그 공동체 안의 작은 언행 하나하나가 인성의 뿌리를 형성합니다.

가정은 실수와 회복을 연습하는 관계 실험장이다

아이들은 반드시 실수합니다.

형제와 다투고, 거짓말을 하고, 물건을 부수고, 어른을 실망시킵니다.
이때 중요한 것은 그 실수 이후 어떤 경험을 하느냐에 있습니다.

"다시는 그러지 마!" 하고 분노로 덮기보다는, "왜 그렇게 했는지 이야기해 줄래?"
"그다음엔 어떻게 하면 좋을까?"라고 묻는 태도는 아이에게 실수 후에도 회복이 가능하다는 믿음을 심어줍니다.
가정은 그 자체로 회복적 관계 훈련장이 되어야 합니다.

▎정리하면,

가정은 인성의 출발점이며, 자기 자신과 가장 가까운 타인을 마주하는 최초의 사회입니다.
부모는 단지 훈계하는 존재가 아니라, 삶의 방식과 감정의 언어, 관계의 태도를 실천적으로 보여주는 사람입니다.
물론 가정에서의 관계는 기본적으로 일차적이고 무조건적인 애착 관계이기에, 곧바로 학교나 직장에서의 이차적 관계로 이어지지는 않을 수 있습니다. 하지만 이 관계 안에서 형성된 정서적 안정감, 자기 조절, 회복 탄력성은 결국 이후의 모든 사회적 관계를 지탱하는 가장 깊은 토양이 됩니다.

한편, 부모의 차별적 태도는 관계에 대한 불신을, 과잉보호는 책임 회피와 현실 회피를 초래할 수 있다는 점도 기억해야 합니다. 가정이 야말로 인성을 왜곡시킬 수도, 바로잡을 수도 있는 힘을 가진 유일한 공간이기 때문입니다.

아이는 혼내는 말보다, 기다려 주는 눈빛을 기억합니다.
좋은 인성은 말이 아닌 살아가는 방식 속에서 자라납니다.

16問

학교에서의 관계?

교사와 친구 그리고 갈등 속에서 길러지는 관계 역량

한때 교실은 공부하는 공간으로만 인식되었습니다.

지식을 배우고, 문제를 풀고, 평가받는 공간.

하지만 교실은 그보다 훨씬 더 복잡하고 깊은 인간관계의 현장입니다.

아이들은 하루의 대부분을 학교에서 보내며, 그 안에서 수많은 만남과 충돌, 조율과 회복을 경험합니다.

학교는 단지 교육 제도가 작동하는 곳이 아니라, 인성이 살아 움직이며 훈련되는 작은 사회입니다.

▍교사는 단순한 지식 전달자가 아니라, 사람됨의 모델이다

아무리 뛰어난 수업을 하더라도 아이들이 기억하는 것은 교사의 말투, 눈빛, 반응, 감정 다루는 방식입니다.

- 부당한 상황에서 어떻게 개입하는가?
- 실수한 학생에게 어떤 반응을 보이는가?
- 갈등 상황에서 어떻게 감정을 조절하는가?
- 누구를 특별히 편애(偏愛)하는가?
- 나를 무시하는가, 존중해 주는가?

이 모든 장면은 교사가 어떤 지식을 전달했는가보다, 어떤 태도로 존재했는가를 보여주는 일상적 실천입니다.

아이들은 교사의 전문성뿐 아니라, 사람으로서의 품격과 관계 방식을 통해 인성을 배웁니다. 결국 '무엇을 가르쳤는가.'보다 '어떤 사람으로 기억되는가.'가 인성교육의 출발점이 됩니다.

▎수업은 관계의 예행연습이다

수업은 단지 지식을 주입하는 장이 아닙니다. 그 안에서는 다양한 사회적 기술, 감정 조절, 배려, 책임이 반복적으로 훈련됩니다.

- 친구가 발표 중에 끼어들면 어떻게 반응할 것인가?
- 짝 활동 중 의견 충돌이 생기면 어떻게 조율할 것인가?
- 역할 분담을 공정하게 하기 위해 어떤 대화를 나눌 것인가?

이런 상황은 모두 살아 있는 인성교육의 순간들입니다.

Buber가 말한 '만남의 장'이 교실이라는 일상 속에서 실현되는 것입니다.

▍교실 안의 분위기에는 인성이 스며 있다

교실은 그 자체로 아이들의 사회적 감각을 키우는 공간입니다.
말을 하지 않아도 교실의 공기는 말해줍니다.

- 아이들이 실수했을 때 서로 어떤 눈빛을 보내는지
- 발표를 할 때 친구들이 얼마나 경청하는지
- 갈등이 생겼을 때 교사가 어떤 태도로 개입하는지
- 선생님의 설명에 어느 정도 집중하는지
- 딴짓하거나 조는 아이들은 없는지

배려, 경청, 회복, 협력이 교실 속에 자연스럽게 흐를 때 교과서 밖에서 훨씬 더 강력한 인성 수업이 일어납니다.

▍또래 관계는 인성의 가장 강력한 훈련장이다

또래는 '사회적 거울'입니다. 아이들은 또래 집단 안에서 자신을 비추고, 조율하고, 조심스럽게 드러냅니다.

- 어떤 말투가 수용되고, 어떤 행동이 배척당하는지
- 감정을 어떻게 표현하면 받아들여지고, 어떻게 말하면 상처가 되는지
- 누구와 어울리는지에 따라 자신의 위상이 어떻게 달라지는지

이 과정에서 아이들은 공감, 자기 표현, 타인 인식, 관계 유지에 대한 구체적인 감각과 기술을 체득합니다.

하지만 또래 관계는 언제나 다정하지만은 않습니다.

- 오해와 배제
- 무리 짓기와 따돌림
- 언어폭력과 수치심
- 질투와 비교

이런 갈등은 필연적으로 나타납니다. 그러나 중요한 건 갈등의 유무가 아니라, 그것을 어떻게 다루는가에 있습니다.
또래 관계 속의 갈등은 인성교육의 실전 훈련과도 같은 현장입니다.

▍갈등은 피할 수 없는 현실이자, 인성교육의 실전이다

오해, 다툼, 무리 짓기, 따돌림, 수치심, 질투….

학교 안에서는 이런 감정적, 관계적 충돌이 끊임없이 일어납니다.
그러나 중요한 것은 갈등의 유무가 아니라, 그것을 다루는 방식입니다.

- 무조건 훈계하면 아이들은 감추는 법을 배웁니다.
- 무시하면 무력감을 내면화하게 됩니다.
- 함께 열어보고 회복하는 과정이 있을 때, 아이는 관계의 책임감을 배웁니다.

교실은 갈등을 회피하는 공간이 아니라, 갈등을 다룰 줄 아는 사람으로 성장하는 실험장이어야 합니다.

회복적 경험이 인성을 단단하게 만든다

아이들은 친구와 싸우고, 오해하고, 멀어지기도 합니다.
그 후 다시 관계를 회복하는 과정이야말로 인성의 핵심 역량을 단련시키는 기회입니다.

- 미안하다고 말해보기
- 친구의 감정을 들어보기
- 자신도 억울했지만 상대의 입장을 이해해 보기
- 다시 친해지기 위한 작은 시도 해보기

이 모든 과정은 공감 + 책임 + 자기 조절 + 용기가 결합된 고도의 인성 훈련입니다.

교사는 개입자가 아니라 관계 촉진자이어야 한다

교사는 학생 간 갈등의 해결사가 되어서는 안 됩니다.
학생 스스로가 갈등 상황을 인식하고, 감정을 조율하며, 관계를 회복할 수 있도록 이끄는 조력자이자 관계 촉진자여야 합니다.

교사의 역할은 '판단'이 아니라 '촉진'입니다.

예를 들어,

- 감정을 언어로 표현할 수 있도록 적절한 말의 틀을 제안해 주기
- 사과의 형식을 강요하기보다, 진심이 나올 때까지 기다려 주기
- 양쪽의 입장을 함께 들어주는 공정한 구조를 마련해 주기

이러한 방식은 단지 분쟁을 일시적으로 봉합하는 것이 아니라, 학생이 스스로 관계를 조정하고 감정을 조절할 수 있는 내면의 힘을 길러주는 일입니다.

▌모든 갈등에 교사가 개입하면, 역기능이 발생할 수 있다

학생들과 매일 함께 생활하는 교사가 모든 갈등에 적극 개입하고 판단하게 되면, 오히려 차별, 낙인, 편들기, 단죄 분위기가 형성될 수 있습니다.

결과적으로, 교사 자신이 '왕따 구조'를 만들어 내는 중심축이 될 수 있는 위험도 있습니다.

학생들 역시 교사를 '심판자'로 여기게 되면서 자신의 갈등을 스스로 풀어가는 기회를 상실하게 됩니다.

▌갈등의 조율과 회복은 교사만의 일이 아니다

갈등 해결에는 다양한 전문가의 협력이 필요합니다.

특히 지속적 괴롭힘, 정서적 트라우마, 반복적 갈등 등 심리적 중재가 필요한 사안은, 전문 상담 교사나 심리 전문가의 개입이 필요합니다.

교사는 관계를 관찰하고, 회복의 구조를 설계하는 역할에 집중하고, 전문가는 심층 갈등에 대한 분석과 중재를 담당해야 학생에게 안전하고 건강한 회복의 환경이 마련될 수 있습니다.

▎ 정리하면,

학교는 지식을 배우는 공간이자, 사람과 살아가는 법을 익히는 사회적 훈련장입니다. 좋은 교실은 좋은 관계 위에서 세워지고, 좋은 관계는 인성이 만드는 것입니다.

교사는 인성의 모델이며, 수업은 관계의 연습장이며, 또래는 공감과 갈등을 훈련하는 거울이며, 갈등은 회복을 배우는 기회입니다.

학교 안의 모든 활동은 결국 사람됨을 연습하는 과정이며, 그 안에서 인성은 매일 새롭게 형성됩니다.

17問

성인의 삶 속의 관계?

다양해지는 관계와 커지는 삶의 무게 속에서
중심을 잡는 역할을 하는 인성

성인이 된다는 것은 단지 나이가 들었다는 의미가 아닙니다.
내가 관계를 주도해야 하는 위치에 선다는 뜻입니다.
청소년기까지는 누군가의 자녀였던 내가, 이제는 누군가의 배우자, 부모, 동료, 시민, 구성원이 되어 새로운 관계들을 만들어 내고, 책임지고, 지속시켜야 합니다.

그 관계는 점점 더 많아지고, 더 깊어지고, 더 복잡해집니다.
그리고 그 모든 관계 속에서 인성은 여전히 형성되고, 시험받고, 때로는 무너지고, 다시 세워집니다.

▎새로운 일차적 관계의 탄생: 자녀에서 부모로, 배우자로

성인기에는 이전과는 전혀 다른 일차적 관계가 새롭게 형성됩니다.
이전에는 내가 누군가의 자녀였지만, 이제는 누군가의 부모가 되며, 새로운 가족을 구성하고 배우자로서의 역할도 갖게 됩니다.

이전에는 보살핌을 받던 관계였다면, 이제는 보살피고 책임지는 입장으로 위치가 바뀌는 순간입니다.

이 관계는 가정을 안정되게 만들 수도 있고, 갈등과 단절, 상처로 이어지며 가정을 파괴하는 요인이 될 수도 있습니다.
그리고 이 모든 관계의 결과는 고스란히 다음 세대, 즉 자녀에게 전이됩니다.
결국, 성인기의 인성은 아이에서 어른이 된 내가 주도하는 이 새로운 일차적 관계에서 가장 강하게 드러나며, 이 관계가 가정을 인성의 장으로 만들 수 있는가의 여부를 결정짓는 막중한 책임을 동반합니다.

▎확장되는 이차적 관계: 직업, 조직, 사회 속의 나

성인기는 본격적인 이차적 관계의 확장기입니다. 직장을 중심으로 한 사회적 관계, 조직 내의 위계적 관계, 시민으로서의 공적 관계 등 역할 기반의 구조적 관계들이 삶의 중심축으로 등장합니다.

이러한 이차적 관계는 개인의 인격, 책임감, 소통 능력, 조정 능력 등 성숙한 인성의 실천력을 요구하는 환경이기도 합니다. 이 관계는 감정 중심보다는 규범, 규칙, 성과, 기대, 신뢰 등의 사회적 요소로 작동하며, 청소년기의 일차적 관계와는 전혀 다른 인성 역량을 요구합니다.

- 동료와의 신뢰를 유지하는 말
- 상사의 지시에 휘둘리지 않으면서도 존중하는 태도
- 후배를 성장시키되 권위주의에 빠지지 않는 리더십

그런 점에서, 학교는 본래 가족과 친척 중심의 일차적 관계를 또래 집단을 통해 자연스럽게 확장하는 공간이 되어야 합니다. 신뢰, 협동, 공감, 다름의 수용과 같은 관계적 감수성을 학습하는 준(準)사회적 훈련장인 셈입니다.

그러나 만약 학교에서의 또래 관계가 건전하지 못하고, 학교의 생활 문화가 성적 지상주의와 경쟁 일변도로 채워진다면, 학교는 본연의 일차적 관계 확장 기능을 상실하고, 위계화된 이차적 관계의 축소판으로 전락할 수 있습니다.

이럴 경우, 학생은 학교에서 관계를 신뢰하는 법을 배우기보다 성과 중심의 효율적 인간관계만을 조기 내면화하게 되고, 그 경험은 성인이 되어 만나는 이차적 관계에서도 관계의 조건화, 신뢰의 회피, 책임의 회피로 이어질 수 있습니다.

가정과 직장, 1차와 2차 관계는 단절되지 않는다

우리는 흔히 "일은 일, 집은 집."이라고 말하지만, 실제로 가정에서의 태도와 직장에서의 태도는 서로 긴밀히 연결되어 있습니다.

가정에서 감정적 조절을 못 하는 사람은 직장에서도 감정을 다루는 데 어려움을 겪습니다. 직장에서 받은 스트레스를 감정적으로 해소하지 못하면 가정의 일차적 관계를 무너뜨리는 요인이 되기도 합니다.
성인기의 인성은 바로 이 두 관계의 상호작용 위에서 균형을 잡아야 하는 구조입니다. 한쪽이 무너지면 다른 쪽도 흔들리고, 한쪽이 성장하면 다른 쪽도 견고해지는 인성의 순환 구조가 시작됩니다.

성인의 인성은 지속성과 책임감으로 드러난다

청소년기의 인성이 '가능성'이라면, 성인기의 인성은 책임을 감당할 수 있는가, 관계를 지속할 수 있는가로 드러납니다.

- 내가 약속을 지키는 사람인가?
- 내가 감정을 관리하고 언어를 조절할 줄 아는가?

- 내가 한 선택에 끝까지 책임을 지는 사람인가?

이러한 지속성과 책임감은 단지 도덕적 이상이 아니라 지금의 나를 규정하는 실질적 자질이 됩니다.

인성은 성숙으로 고정되지 않는다 평생 배우는 자세가 필요하다

"이 나이에 내가 뭘 더 배워?"
"지금도 충분히 괜찮은 사람인데…."

이런 말은 흔하지만, 인성은 완성된 자격이 아니라 계속 만들어 가는 과정입니다. 성인은 여전히 배우고 있어야 합니다.

- 감정을 더 정교하게 다루기 위해
- 더 적게 상처 주고 더 깊게 연결되기 위해
- 사회적 약자에 대한 감수성을 넓히기 위해
- 시대가 요구하는 윤리와 책임을 성찰하기 위해

끊임없이 배우는 태도야말로 성인의 인성을 지탱하는 힘입니다.

▍ 정리하면,

  성인기의 인성은 이전과는 다른 구조와 책임의 무게 속에서 형성됩니다.

  내가 주도하는 새로운 일차적 관계(배우자, 부모 등)는 가정을 인성의 장으로 만들 것인지, 갈등의 장으로 만들 것인지를 결정짓습니다. 동시에 확장되는 이차적 사회관계는 나의 품성과 관계 감각을 끊임없이 시험합니다.

  이 두 관계는 따로따로가 아니라 함께 작동하며, 결국 지금의 나, 성인으로서의 인성을 구성하는 총체적인 장이 됩니다.

  성인의 인성은 실수를 하지 않는 것이 아니라, 실수 이후 책임지고 회복하는 태도, 그리고 관계 속에서 계속해서 배워가려는 자세 속에 살아 있습니다.

18問

직업인이 맺는 관계?

상하관계와 고객관계 속에서 형성되는 직업 윤리

좋은 직업인이란 누구를 말하는가?
단순히 일을 잘하고, 성과를 내며, 돈을 많이 버는 사람일까요?
아니면 맡은 일을 묵묵히 감당하며, 신뢰를 받는 사람일까요?

직업인의 정체성은 단지 기술이나 지식의 문제가 아닙니다.
그것은 일을 대하는 태도, 타인과 맺는 관계, 책임과 성실을 실천하는 방식과 깊이 연결되어 있습니다.
직업인의 인성은 그 사람의 품격을 드러내는 또 하나의 얼굴입니다.

▌기술 이전에 사람됨이 먼저입니다

기술은 배울 수 있고, 지식은 쌓을 수 있지만, 신뢰와 존중은 사람됨에서 나옵니다.

- 고객을 대하는 태도
- 동료와 상사, 부하직원과 협력하는 자세
- 실수를 책임지는 용기
- 약속을 지키는 신뢰감

이 모든 것은 단순한 규칙 준수가 아니라, 인성에 기반을 둔 직업 윤리의 표현입니다.

직업 윤리는 전문성의 완성이 아니라, 사람으로서 지켜야 할 최소한의 존엄입니다. 그래서 기업은 실력만큼이나 인성을 보고 사람을 채용합니다.

직업 윤리는 외부의 규범이 아니라 내면의 기준이다

우리는 윤리를 종종 법처럼 외재적 규범으로 이해합니다. 하지만 직업 윤리는 벌을 피하기 위한 규칙이 아니라, 스스로 지키고자 하는 내면의 기준입니다.

- 부당한 지시를 거부할 수 있는 용기
- 부당한 이익보다 원칙을 택하는 판단
- 잘못된 결과 앞에서 책임을 회피하지 않는 태도

이런 태도는 단순한 규정 위반 방지가 아니라, "나는 어떤 직업인이 되고 싶은가."라는 질문에서 출발합니다. 직업 윤리는 스스로를 지키는 힘이자, 직업 세계 속 인간 존엄을 유지하는 최후의 장치입니다.

▎직업인의 인성은 협업과 공동체 정신으로 드러난다

현대의 노동은 대부분 팀 기반, 협업 기반으로 이루어집니다.
그 안에서의 인성은 단순한 성실이나 근면만으로는 부족합니다.

- 다른 사람의 의견을 존중할 수 있는가?
- 나의 주장이 잘못이었을 경우, 이를 인정할 것인가?
- 공동의 목표를 위해 자신의 욕심을 조절할 수 있는가?
- 책임을 회피하지 않고 공동체의 일원으로 역할을 다하는가?

직업인의 인성은 혼자 일 잘하는 능력이 아니라, 함께 일하는 태도에서 완성됩니다. 개인주의로는 조직을 버틸 수 없습니다.

▎권위주의와 위계주의는 직업 윤리를 해친다

직장에서 여전히 남아 있는 꼰대 문화는 상사의 권위를 공적 리더십을 사적 위계(位階)로 오인하게 만들고, 종종 부당한 업무 외 강제(심

부름, 집안일 처리 등)로까지 이어지기도 합니다. 그러나 직업의 세계는 계약에 기반을 둔 질서로 운영됩니다. 갑과 을은 계급이 아니라, 서로 권리와 의무를 가진 동등한 법적 주체라는 점은 분명해야 합니다. 특히 힘 있는 자리에 있는 사람일수록 항시 자중자애(自重自愛)하고 겸허(謙虛)해야 합니다.

직장 내 인간관계 역시 신분이 아닌 역할 기반의 민주적 질서로 운영되어야 합니다. 지시와 복종이 아닌 협의와 존중, 명령이 아닌 책임의 분담이 직업 윤리의 출발점입니다.

다만, 이것이 형식적인 분업이나 각자도생을 뜻하는 것은 아닙니다. '내 일, 네 일'을 엄격히 구분하는 것만이 직업 윤리의 실현은 아닙니다.
조직은 때때로 공동체가 지향하는 목적과 성과를 위해 서로를 도울 줄 아는 태도, 타인의 어려움에 기꺼이 개입하고, 함께 짐을 나누려는 자세 역시 직업 윤리의 중요한 일환으로 간주되어야 합니다.

민주적 질서 속 상호 협력, 역할의 존중과 공동의 책임은 오늘날 건강한 직업문화를 구성하는 핵심 가치입니다.

▎직업은 사회적 책임의 통로다

직업은 단지 생계를 위한 수단이 아닙니다.
그것은 공공성을 실현하는 구체적 방법이기도 합니다.

- 의사는 생명을 다루고
- 교사는 인간을 다루며
- 공무원은 제도를
- 언론인은 진실을
- 예술가는 감수성을 다룹니다.

각자의 직업은 사회와 연결된 역할이며, 그만큼 인성과 윤리의 무게가 따릅니다.
전문직업인에게 더 높은 윤리 기준이 요구되는 것도 이 때문입니다.

▎머무는 책임, 회복하려는 의지

요즘은 이직(移職)이 흔합니다. 조직이 부당하거나 구조적으로 부조리할 때, 그곳을 떠나는 것도 하나의 정당한 선택일 수 있습니다. 하지만 동시에 문제를 인식하고도 책임 있게 그 안에 머물며 바꾸려는 태도 또한 직업 윤리의 중요한 한 축입니다.

직업 윤리는 단지 개인의 권리만을 주장하는 것만이 아닙니다. 공동체의 일원으로서 감당해야 할 책임, 깨진 관계를 회복하려는 노력, 조직을 더 나은 방향으로 이끄는 태도를 모두 포함합니다.

회사의 문화를 만드는 것은 제도나 슬로건이 아닙니다. 머무르며 바꾸려는 사람의 의지도 중요합니다.

이는 내가 옳지 않을 수도 있다는 가능성을 인정하는 데에서 출발합니다. 조직 문화가 부당하다고 느끼는 그 판단이 언제나 객관적이고 타당한 것은 아닐 수 있습니다. 아직 경험과 지식이 부족할 수 있고, 조직의 관행과 문화적 맥락을 충분히 이해하지 못했을 수도 있으며, 때로는 내가 잘못 이해하거나 미숙하게 반응했을 가능성도 존재합니다.

그렇기에 우리는 언제나 자신의 판단이 틀릴 수도 있다는 가능성을 염두에 두어야 하며, 그 안에서 배우고 성장하려는 자세를 놓지 말아야 합니다. 겸손(謙遜)과 배우려는 자세가 필요할 수 있습니다.
중요한 것은 나의 미래이고, 그 미래를 이루어 갈 경력의 성숙입니다.
머무를 것인가, 떠날 것인가는 전략적 선택일 수 있지만, 그 선택의 기준이 감정적 회피나 책임 회피가 아니라, 성찰과 성장의 방향성에 근거해야 우리는 단지 직장을 떠나는 것이 아니라 삶의 방향을 선택하는 주체가 될 수 있습니다.

19問

노인의 삶에도 관계가?

소멸되는 관계 속에서도 지켜야 할 나이 듦의 품격

 노인이 된다는 것은 단지 나이를 먹는 일이 아닙니다. 시간이 흐르면 누구나 늙지만, 품격 있는 노인이 되는 것은 전혀 다른 이야기입니다.
 고령사회에 접어든 지금, 우리는 주변에서 많은 노인을 만납니다.
 그러나 그중 얼마나 많은 분들이 존경받는 어른으로 살아가고 있을까요?
 단지 나이가 많다고 해서 존경받는 시대는 지났습니다.
 이제는 늙는다는 것의 의미와 태도에 대해 근본적인 성찰이 필요합니다.

▎품격 있는 늙음은 살아온 관계의 축적이다

 품격은 어느 날 갑자기 생기지 않습니다.

그것은 오랜 시간 동안 맺어온 관계의 방식에서 비롯됩니다.

- 타인을 이해하고자 했던 삶
- 자신의 감정을 되돌아보려 했던 태도
- 남을 탓하기보다 자신의 책임을 인식했던 자세

이 모든 것이 쌓이고 쌓여 노년기 인성의 품격으로 드러납니다.
노인의 인성은 나이의 결과가 아니라 살아온 관계의 총합입니다.

노년은 관계의 소멸을 받아들이는 시기이다

노인이 된다는 것은 점점 많은 관계가 사라지는 과정을 통과하는 일입니다.

- 은퇴 후, 직장의 동료들은 떠나고
- 자녀들은 분가하여 각자의 삶을 꾸리고
- 친구들은 병들거나 세상을 떠나며
- 배우자마저 언젠가 곁을 떠나게 되고

결국 남는 것은 '나 혼자'라는 사실입니다. 이러한 상실의 시간 속에서 인성은 더 깊은 고독과 직면하고, 그럼에도 사람됨을 지켜나가려는 의지가 더욱 중요해집니다.

▍늙는다는 것은 관계의 방식을 바꾸는 일이다

젊은 시절의 관계는 이끌고 성과를 내는 관계였다면, 노년기의 관계는 물러서고 후원하고 받아들이는 관계로 바뀌어야 합니다.

- 손주에게 지혜와 덕담을 건네고
- 후배에게 자리를 내어주며
- 후학에게 삶의 깊이를 나누는 태도

노인의 인성은 더 이상 중심에 서려는 태도가 아니라, 주변을 응원하는 품위에서 드러납니다.

▍품격 있는 노인은 말하는 존재보다 듣는 존재이다

많은 어른들이 말합니다.

"요즘 애들은 버릇이 없다."
"내가 너만 할 땐 말이야…."

하지만 품격 있는 노인은 말하는 사람이 아니라, 들어주는 사람입니다.

- 젊은 세대의 이야기를 있는 그대로 경청하고
- 자신의 기준을 강요하기보다 다름을 인정하며
- 과거보다 오늘의 가치를 배우려는 태도

노년의 인성은 경청과 수용, 유연함과 배려에서 빛납니다.

노인은 권리를 주장하되, 공동체를 함께 바라봐야 한다

노인에게는 분명한 권리가 있습니다. 주거권, 건강권, 이동권, 여가권 등은 마땅히 보호받아야 하며, 그 권리는 어떤 제도보다 존엄한 인간 존재로서의 당연한 권한입니다.

그러나 권리는 요구의 크기보다, 존재의 품위로 드러날 때 더 큰 공감과 지지를 이끌어 낼 수 있습니다. 성숙한 노인은 자신의 권리를 단호하게 말할 줄 알되, 동시에 공동체 전체의 조화와 지속 가능성을 함께 고려할 줄 압니다. 그 태도는 노년기의 인성과 사회적 존경을 이어주는 다리가 됩니다.

우리는 이미 지하철 요금의 무임승차 혜택을 둘러싼 논쟁에서 세대 간 갈등의 실체를 경험한 바 있습니다.
노인의 이동권과 삶의 질 향상이라는 정당한 이유에도 불구하고, 재정 부담과 형평성 문제, 그리고 청년 세대의 상대적 박탈감이 제기

되면서 이 사안은 권리와 공동체적 책임 사이의 균형이 얼마나 중요한지를 잘 보여주었습니다.

우리는 기억해야 합니다. 나의 권리가 커질수록, 상대적으로 다음 세대의 몫은 줄어들 수도 있다는 사실을. 정치적 대표성, 재정(財政)의 배분, 공공자원의 우선순위 등 사회는 결국 세대 간 조율의 공간이기 때문입니다.

또한, 내가 살아온 시대에는 옳았던 것이, 지금의 현실에서는 다르게 받아들여질 수도 있습니다. 시대는 변하고, 가치의 기준도 함께 달라집니다.

그런데도 여전히 과거의 기준을 앞세우며 오직 내 목소리만을 높이는 태도는, 자칫 노추(老醜)의 모습으로 비칠 수 있습니다.

더 오래 살았다는 것은, 더 많이 주장할 수 있는 자격이 아니라, 더 깊이 공동체의 미래를 책임지는 의무로 연결되어야 합니다. 존엄은 단지 나이에 의해 보장되지 않습니다. 공감할 줄 알고, 양보할 줄 알며, 함께 살아갈 줄 아는 품위. 그것이 노년기의 인성이며, 후세가 본받고 싶은 사람됨의 최종 모습입니다.

▍늙는다는 것은 다시 배우는 것이다

노년은 인생의 마침표가 아니라, 또 하나의 배움의 시간입니다.

바쁜 사회적 역할이 끝난 후, 이제야 비로소 자기 자신과 다시 만나는 시간이 주어집니다.

- 독서와 사유를 통해 나를 돌아보는 것
- 종교적 성찰 속에서 인생의 의미를 재구성하는 것
- 봉사나 나눔을 통해 다시 사회와 연결되는 것
- 글을 쓰고, 여행하며, 홀로 있는 시간을 사랑하는 것

이 모든 것이 '다시 배우는 늙음'의 태도입니다.
결국, 노년기는 '전인(Whole Person)'으로 성장할 마지막 기회이기도 합니다.

▎ 늙는다는 것은 벗어내는 용기를 갖는 것이다

어린 시절부터 지금까지, 우리는 수많은 역할과 감정을 쌓아왔습니다.
자녀로서, 부모로서, 직업인으로서, 시민으로서. 그 모든 시간 속에서:

- 상처가 남았고
- 차별이 있었고
- 억울함과 분노가 쌓였고

- 격차와 비교 속에 마음이 다쳤습니다.

　노년은 그것들을 하나씩 내려놓는 시기입니다.
　더 이상 경쟁하지 않아도 되고, 누군가에게 인정받으려 애쓰지 않아도 됩니다. 그 대신, 벗어낼 수 있는 용기, 용서할 수 있는 내면, 있는 그대로 받아들이는 너그러움이 필요합니다.

정리하면,

　노년기란 관계가 소멸되어 가는 시간 속에서, 여전히 사람됨을 지켜내는 고요한 싸움입니다. 그리고 동시에, 삶의 끝자락에서 다시 배워야 하는 시기이기도 합니다.

　노인의 인성은 지식보다 지혜, 권리보다 품위, 자랑보다 경청, 경험보다 성찰에서 완성됩니다.

　우리는 결국 물어야 합니다. 나는 어떤 노인으로 기억되고 싶은가?
　그 질문에 대한 답은, 지금 나의 하루하루, 그리고 지금 내가 맺는 관계와 품고 있는 마음의 깊이에 달려 있습니다.

Part 4
인성교육의 의미와 방법

인성은 타고나는 것이 아니라 전 생애에 걸쳐 관계 속에서 길러지는 과업입니다. 그렇기에 인성교육은 유아기부터 노년기까지 이어지는 생애 중심 교육이어야 하며, 동시에 학교, 가정, 사회를 아우르는 다중(多衆) 관계 기반 교육이어야 합니다. 인성교육은 또한 성숙한 민주시민과 세계시민을 기르는 내면의 기반이며, 공감, 책임, 존중 등 시민성이 요구하는 핵심 가치는 인성을 통해 실현됩니다.

이 과정에서 사회정서학습(SEL)은 감정 조절, 관계 형성, 자기 인식을 체계화하는 실천적 방법론으로 기능하며, 회복 탄력성과 분노조절 같은 정서적 자기 조절력도 SEL과 인성의 교차 지점에서 자라납니다.

결국, 이런 모든 요소는 교육 과정에 어떻게 통합되는가의 문제로 귀결되며, 교사, 학부모, 교육 과정 모두가 사람됨을 기르는 방향으로 전환되어야 인성교육은 실제가 됩니다.

20問

인성에서 생애 발달과업이란?

「인성교육진흥법」의 개정 방향

　인성은 어느 한 시기나 단일한 교육만으로 완성되는 것이 아닙니다.
　사람됨은 태어나는 순간부터 노년에 이르기까지, 전 생애에 걸쳐 형성되고 조정되며, 끝없이 갱신되는 과정입니다.

　또한 인성은 결코 혼자 만들어지지 않습니다. 자기 자신과의 관계, 부모·형제자매와의 관계, 교사와 또래와의 관계, 직장 속 동료와 상사, 그리고 노년에 접어든 후의 고독과 사회적 고립에 이르기까지, 인성은 언제나 관계 속에서 빚어지고, 다듬어지며, 드러납니다.

- 유아기에는 감정의 표현과 타자 인식이
- 아동기에는 규칙의 내면화와 책임감이
- 청소년기에는 정체성과 도덕적 판단 능력이
- 성인기에는 다양한 관계와 직업 윤리를 조율하는 책임이

- 노년기에는 관용과 품격, 삶을 수용하는 깊이가 형성되며, 그 모두가 인성의 일부입니다.

그리고 그 과정에서 학교, 가정, 직장, 지역 사회 등은 단지 교육의 장소가 아니라, 삶의 경험이 인성으로 통합되는 실천의 장이 되어야 합니다.

결국, 인성이란 "나는 어떤 사람으로 살아가고 싶은가?"라는 질문에 끊임없이 성찰하고 실천하며 응답하는 삶의 태도라고 할 수 있습니다.

그러나 「인성교육진흥법」은 이러한 인성의 본질을 충분히 담아내지 못하고 있습니다.

- 학교 중심의 협소한 범위: 인성교육을 초·중등 교육 기관에 과도하게 집중시켜, 성인기, 직장인, 부모, 노년기 등 비형식·무형식 교육 영역에서의 인성 형성 가능성은 제도 밖으로 밀려나 있습니다.
- 삶이 빠진 추상적 가치 중심: 법이 정의한 인성은 타인·공동체·자연과 더불어 살아가는 인간다운 성품과 역량이라는 추상적 언어에 머물며, 삶의 실제 장면 속에서 인성이 어떻게 발달하고 표현되는지를 구체적으로 담아내지 못합니다.
- 교육 과정보다 인증 프로그램이 중시: 학교 교육 과정을 중심으로 한 인성교육 프로그램의 구체화보다는 민간의 프로그램이 인성교육을 대체하고 있습니다. 민간의 다양성은 사라지고, 인증 주체인

교육부의 권한만 커졌습니다.
- 관계성과 생애성을 담지 못한 법체계: 인성이 관계 속에서, 그리고 생애를 따라 흐르며 형성된다는 통합적 관점이 법의 어디에도 반영되어 있지 않습니다. 결과적으로 「인성교육진흥법」은 정말로 인성을 진흥하는 법인지 되묻게 만듭니다.
- 가정과 사회를 교육의 주변 요소로만 취급: 가정에서의 부모 역할, 직장 내 직업 윤리, 지역 사회와의 회복적 관계 등은 모두 인성 형성의 핵심적 장이지만, 이를 지원하거나 제도화하는 법적 장치는 사실상 부재합니다. 인성을 진정한 사회적 자산으로 육성하려면, 부모 교육, 시민 교육, 직업 윤리 교육, 노인 교육까지 포괄하는 사회적 연계 모델이 필요합니다.

▍ 정리하면,

　인성은 특별히 가르치는 어떤 것이 아니라, 삶 속에서 길러지고, 관계 속에서 실천되는 보통의 덕성입니다. 그렇기에 인성교육은 생애를 관통하고, 관계 속에 뿌리내리며, 교육과 복지, 노동과 문화, 지역 사회를 아우르는 종합적 과업이 되어야 합니다. 그러나 현재의 「인성교육진흥법」은 이러한 인성 형성의 다층적 구조를 담기에는 턱없이 부족합니다. 다음과 같은 방향으로 개정이 필요합니다.

- 인성의 생애 발달 모델을 법령에 통합해야 합니다. 유아기부터 노

년기까지 인성 발달을 체계적으로 설명할 수 있는 프레임을 마련하고, 이에 기반을 둔 맞춤형 인성교육 지원 체계를 구축해야 합니다.
- 학교 중심에서 벗어나, 성인과 고령층까지 포함한 인성교육 체계화가 필요합니다. 직업 윤리, 회복적 관계, 시민성과 공공성의 교육을 범사회적 맥락에서 통합해야 합니다.
- 교사 연수 및 전문 인성교육 인력 양성 체계를 정비하고, 관계 중심·경험 중심·회복 중심의 실천 역량이 내재화되도록 교육 방식도 혁신해야 합니다.
- 교육 과정 중심의 인성교육이 필요하고, 민간은 정부의 규제 대상에서 제외할 필요가 있습니다. 인성 프로그램을 정부가 인증하는 대상일지 의문입니다.
- 무엇보다도, 인성은 교육만으로 형성되는 것이 아닙니다. 그것은 사회 전체의 문화이며, 사람됨을 존중하고 연습하는 사회적 환경과 책임 구조의 문제로 접근되어야 합니다. 문화, 환경을 만들어 가는 사회의 노력도 법령에 담겨야 합니다.

21問

인성교육과 시민 교육의 관계는?

인성교육은 성숙한 민주시민, 세계시민의 기반이다

    민주주의는 제도나 절차만으로 유지되지 않습니다. 그보다 앞서, 민주주의는 사람됨, 즉 시민 개개인의 인성과 태도 위에 세워져야 합니다. 표를 던질 수 있다고 해서 모두 성숙한 시민이 되는 것이 아니듯, 민주 사회를 지탱하는 힘은 언제나 인내, 공감, 책임, 성찰 같은 인성의 토대에서 나옵니다.

▎인성과 민주주의: 성숙한 시민의 조건

    인내 없는 토론이 불가능하며, 공감 없는 다수결이 폭력으로 변하고, 책임감 없는 자유는 방종이 됩니다. 그렇기에 민주주의는 법 이전에 인성, 선거 이전에 성숙한 시민성이 필요합니다. 민주주의는 다른 사람과 함께 살아가는 체제입니다. 다름을 견디고, 타인을 존중하며, 공동선을 위한 절제를 배우는 것은 곧 인성의 핵심이자 시민됨의 기본입니다.

만약 인성이 무너진다면, 민주주의는 감정의 선동과 포퓰리즘으로 퇴행하게 됩니다. 공감 능력 없는 대화, 자기 성찰 없는 책임 회피, 관계 맺기 능력의 부재는 결국 혐오와 분열, 방치와 폭력의 문화로 이어집니다.

그렇기에 민주시민 교육은 곧 인성교육이어야 하며, 법과 제도를 넘어, "왜 그렇게 살아야 하는가?"에 대한 내면의 태도와 사람에 대한 신뢰를 함께 길러야 합니다.

아이들은 이미 학급 안에서 다수결을 경험하고, 친구와의 갈등을 겪으며, 작은 사회 속에서 협동과 규칙을 익혀가는 오늘의 시민이며 내일의 유권자입니다.

자유로운 시민: 의사능력, 행위능력, 책임능력과 인성교육

민주주의는 자유로운 시민을 전제로 합니다. 이 자유는 단지 권리의 보장이 아니라, 스스로 생각하고, 행동하고, 책임지는 능력과 연결됩니다.

여기에는 세 가지 시민적 역량이 요구됩니다.

- 의사능력(意思能力): 자신의 판단을 형성하고 표현할 수 있는 힘. 이것이 없다면 타인의 지시에만 따르게 됩니다.
- 행위능력(行爲能力): 신념을 행동으로 옮기는 용기. 이는 공적 책임과 공동체 참여의 바탕입니다.
- 책임능력(責任能力): 자신의 선택과 그 결과를 감내할 수 있는 자세. 이것 없이는 자유는 무책임으로 전락합니다.

결국, 인성교육은 이 세 가지 능력을 내면에서부터 길러내는 시민성의 토대이며, 법이 아닌 삶 속에서 민주주의를 구현할 수 있도록 하는 훈련의 장입니다.

글로벌 시민성과 인성: 지구시민의 마음가짐

21세기를 살아가는 우리는 더 이상 한 국가의 시민만이 아닙니다.
기후 위기, 감염병, 전쟁, 디지털 윤리, 난민 등 우리가 직면한 문제는 모두 국경을 넘는 공존의 과제입니다.
이 시대에 요구되는 인성은 곧 지구적 감수성과 도덕적 상상력입니다.
정보나 논리가 아니라, 공감과 책임의 깊이에서 비롯되는 인성입니다.

먼 나라의 전쟁을 내 일처럼 여기는 감각, 내 소비가 지구 환경에 어떤 영향을 미치는지 자각하는 태도, 다른 문화, 종교, 인종을 이해하고 존중하는 자세는 모두 글로벌 시민성의 핵심이자, 확장된 인성의 표현입니다.

 진정한 글로벌 시민은 자신이 편하게 살기 위해 타인의 고통을 외면하지 않으며, 협력과 연대를 통해 문제를 해결하려는 공존의 역량을 갖춘 사람입니다. 국경은 물리적 경계지만, 인성은 마음의 지도를 넓혀 언어와 문화, 종교를 넘어선 연대를 가능하게 합니다. 그래서 글로벌 시민 교육은 인성교육의 지구적 확장판이라고 할 수 있습니다.

▌ 인성교육은 민주시민 교육과 같으면서도 다르다

 인성교육과 민주시민 교육은 자주 혼용되지만, 두 개념은 서로를 닮았으면서도 분명한 차이가 있습니다. 둘 다 사람됨과 시민됨을 함께 키우며, 책임, 공감, 존중, 공공성과 같은 가치를 공유합니다.
 하지만, 시민 교육은 정치적 공동체 안에서의 권리와 의무에 집중하고, 인성교육은 삶 전반의 관계와 태도에 초점을 둡니다.

 시민 교육은 지식과 실천을 요구하고, 인성교육은 감정, 태도, 동기도 중시합니다. 시민 교육은 갈등과 논쟁을 포함할 수 있지만, 인성교육은 보편적 가치에 기반을 둔 교육으로 학교 현장에서 안정적인 기반이 됩니다.

 결국, 인성교육은 시민 교육의 기초를 이루며, 시민 교육은 인성을 전제로 하지만 그 너머의 사회 구조와 정의까지 도달하려는 확장적 교육입니다.

▮ 정리하면,

 인성은 민주주의의 보이지 않는 뿌리입니다. 성숙한 시민은 비판하면서도 존중할 줄 알고, 다르지만 함께할 줄 알며, 자유롭지만 책임질 줄 아는 사람입니다. 그리고 오늘날의 시민은 국가를 넘어선 지구시민이기도 합니다.
 세계를 품는 감수성과 연대의 태도는 인성에서 시작되고, 인성을 통해 확장됩니다.

 민주주의는 사람을 신뢰하는 제도이며, 인성은 그 신뢰를 가능하게 하는 조건입니다. 인성교육은 단지 바른 생활을 가르치는 것이 아니라, 자유로운 개인, 성숙한 시민, 평화로운 세계인으로 살아갈 수 있도록 삶의 뿌리를 다지는 교육입니다.

22問

인성교육과
사회정서학습(SEL)의 관계는?

오늘날 교육 현장에서 사회정서학습(SEL: Social And Emotional Learning)은 학생의 삶에 필요한 감정 조절, 자기 이해, 관계 기술을 체계적으로 길러주는 교육 접근법으로 각광받고 있습니다. 하지만 SEL이 주목받을수록 이런 질문도 따라붙습니다.

"그거, 인성교육과 뭐가 다른가요?"

이 질문은 겉으로 보면 단순한 개념 비교 같지만, 사실은 사람됨이란 무엇이며, 그것은 어떻게 길러지느냐는 훨씬 더 깊은 질문과 맞닿아 있습니다.

인성은 관계적 존재로서의 사람됨이다

인성은 자기 안에서 저절로 자라는 것이 아닙니다. 그것은 언제나 타자와의 관계 속에서 형성되는 사람됨의 태도와 품격입니다.

아이는 가족 안에서 애착과 갈등을 경험하며, 학교에서 또래와 교사와의 상호작용을 통해 사회에 나가서는 동료, 고객, 상사와의 관계 속에서 끊임없이 자기 자신을 조율하고, 타인을 인식하고, 공동의 삶을 배우며 인성을 다듬어 갑니다.

이처럼 인성이 관계에서 비롯된다면, 그 관계를 가능하게 하는 구체적 역량의 체계가 필요합니다. 바로, 그것이 SEL입니다.

SEL은 인성이 관계 맺기를 통해 발현될 수 있도록 돕는 실천 도구이다

CASEL(Collaborative For Academic, Social, And Emotional Learning)*이 정리한 SEL의 5대 핵심 역량은 다음과 같습니다.

---

* 학업, 사회, 정서 학습 협력 단체로 불리는 CASEL은 모든 학생의 학업, 사회, 정서 역량 개발을 중시하는 미국의 비영리단체이다. 이 기관의 사명은 사회, 정서 학습을 유치원부터 고등학교 교육의 필수적인 부분으로 만드는 데 있다. 1994년에 미국 시카고에서 설립되었다.

- 자기 인식 (Self-Awareness)
- 자기 관리 (Self-Management)
- 사회 인식 (Social Awareness)
- 관계 기술 (Relationship Skills)
- 책임 있는 의사결정 (Responsible Decision-Making)

이 각각은 단지 기술(Skill)이 아니라, 인성이 실천 가능한 태도와 행동으로 이어지기 위한 실제 역량 체계입니다. 즉, 인성은 왜 관계가 중요한가를 묻는 철학이라면, SEL은 어떻게 그 관계를 잘 맺고 유지할 것인가를 훈련하는 실천 체계입니다.

인성은 SEL을 통해 관계의 깊이로 발현된다

인성은 감정 · 태도 · 도덕성처럼 다소 보편적이고 추상적 가치로 접근되는 반면, SEL은 학교와 사회에서 관계를 유지하고 책임지는 구체적 실천 능력으로 접근합니다.

예를 들어, 공감이라는 인성의 가치가 SEL에서는 사회적 인식과 경청 기술로 구체화됩니다. 책임감이라는 인성의 덕목이 SEL에서는 책임 있는 의사결정과 자기 관리로 발현됩니다. 공존과 배려라는 인성의 태도가 SEL에서는 관계 기술과 갈등 조정 능력으로 훈련됩니다. 즉, SEL은 인성이 삶의 장면에서 드러날 수 있도록 돕는 작동 장치입니다.

▌ SEL이 없다면, 인성은 추상에 머물 수 있다

인성이 없다면, SEL은 방향을 잃습니다.

- SEL은 방법론이고, 인성은 철학입니다.
- SEL은 훈련 시스템이고, 인성은 교육의 궁극 목표입니다.
- SEL은 역량의 도구이고, 인성은 존재의 태도입니다.

그래서 둘은 분리할 수 없습니다. 인성이 SEL 없이 교육될 때, 그것은 가치의 암송이나 훈계에 머무를 위험이 있습니다. SEL이 인성 없이 훈련될 때, 그것은 효율성과 순응 중심의 기술 훈련으로 전락할 수 있습니다.

▌ 정리하면,

인성은 관계를 통해 드러나는 사람됨의 총합입니다. SEL은 그 관계를 건강하게 만들기 위한 실천의 언어이자 구조입니다. '관계에서 비롯된 인성, 관계를 만들어 내는 SEL의 역량' 둘은 서로의 부족함을 채워주는 교육의 두 축입니다. 그리고 함께 갈 때만, 사람됨의 깊이와 관계의 기술을 동시에 길러낼 수 있습니다.

교육 과정 바탕의 인성 개발 로드맵을 만든다면, SEL은 그 핵심 내용이 될 것입니다.

23問

분노조절과 회복 탄력성,
심신의 건강은 어떻게 가능할까?

인성과 SEL의 바탕 위에서 가능하다

▍상처를 받아도 다시 서는 사람됨의 힘

살면서 누구나 실패하고, 상처받고, 무너지는 순간을 경험합니다.
아이든 어른이든, 감정의 폭풍 속에 휘말리고 작은 거절에 무너지고 돌이킬 수 없는 좌절 앞에서 주저앉기도 합니다.

하지만 사람됨의 진짜 힘은 무너지지 않는 데 있는 것이 아니라, 무너진 후에 다시 일어나는 데 있습니다. 바로 이것이 회복 탄력성(Resilience)입니다.
그리고 이 회복의 힘은 단지 기질이 아니라, 깊이 있는 인성과 정서·사회적 역량(SEL)의 결합에서 비롯됩니다.

감정을 다루는 힘, 인성의 출발점이자 SEL의 핵심

요즘 교사와 부모들이 가장 자주 마주하는 장면은 이것입니다:

"작은 말에도 아이가 상처받고 무너져요."
"화를 못 참고 바로 욱해요."
"실수한 뒤에 아예 회피하거나 포기해 버려요."

이 문제는 단지 요즘 아이들의 문제가 아니라 감정 조절과 회복 능력이 약화된 사회 전체의 징후일 수 있습니다.

SEL이 제시하는 핵심 역량 중 두 가지인 자기 인식(Self-Awareness)과 자기 관리(Self-Management)는 바로 이러한 감정의 파도를 건너는 데 필요한 내면의 조타 장치입니다.

내 감정이 무엇인지 알아차리고, 그 감정을 말로 표현하고, 파괴가 아닌 방식으로 다룰 수 있는 능력은 모두 훈련과 경험 속에서 길러지는 감정을 다스리는 인성의 힘입니다.

회복 탄력성은 상처받는 인간에게 주어지는 다시 서는 힘이다

회복 탄력성은 실수를 모면하는 능력이 아니라 실수로부터 배우고 다시 설 수 있는 용기입니다.

실패를 두려워하지 않고, 감정을 억누르기보다 인정하고 공유하며, 관계 안에서 지지를 경험한 사람이 다시 회복할 수 있는 힘을 기르게 됩니다.

이러한 힘은 다시, SEL의 관계 기술(Relationship Skills)과 사회 인식(Social Awareness) 역량과 맞닿아 있습니다.

혼자서는 회복이 어렵고, 공감받고 이해받는 관계가 회복의 토대가 되며, 정서적으로 안전한 환경이 회복력을 키우는 터전이 됩니다.

▎몸과 마음이 연결될 때, 인성은 살아난다

인성은 머리로만 배우는 개념이 아니라 몸과 마음을 통합한 존재의 훈련입니다. 분노가 치밀 때 숨을 고르고, 긴장될 때 손을 꽉 쥐었다가 펴고, 미안할 때 눈을 맞추고 고개를 숙이는 몸의 언어는 감정 조절과 회복 탄력성의 실천적 표현입니다.

그리고 이 모든 몸의 기억은 마음이라는 공간 속에서 자존감, 수치심, 용기, 연민 같은 복합 감정들과 만나 사람됨의 깊이를 형성합니다.

▍ 정리하면,

분노를 느끼는 것은 당연합니다. 실패하는 것도 인간답습니다.

하지만 그 감정을 파괴적으로 흘리지 않고, 상처 속에서도 다시 나아가려는 의지와 역량이 바로 회복 탄력성이며, 그 기초가 되는 것이 SEL의 다섯 가지 역량입니다.

SEL은 감정의 통로를 만들고, 회복의 구조를 형성하며, 몸과 마음의 건강한 통합을 가능하게 하는 인성의 작동 방식입니다.

우리는 아이들에게 완벽해지라고 가르치는 것이 아니라, 넘어져도 다시 일어나는 법, 감정을 품고도 사람다움을 지킬 수 있는 힘을 가르쳐야 합니다. 그리고 그것이 바로 인성과 SEL이 함께 가야 하는 이유입니다.

24問

인성교육, 결국 교육 과정으로 귀결되는 것 아닌가?

인성은 단지 한두 개의 교과나 특별 활동의 주제가 아닙니다.

사람됨은 삶 전체의 태도이며, 그것을 길러내는 교육이 가능해지려면 교육 과정 전반이 인성을 품은 구조로 설계되어야 합니다.

▍교육 과정은 인성을 사회화하는 공적 도구이다

교육 과정은 인성을 사회화하는 공적 도구입니다. 국가 교육 과정은 단지 교과의 나열이 아니라, 미래 사회를 살아갈 시민이 어떤 삶의 태도와 역량을 가져야 하는지를 사회 전체가 합의한 공동선의 약속입니다.

오늘날 우리는 인성, 민주시민성, SEL, 회복 탄력성, 생애 발달과 관계 중심의 인성 형성 등에 대해 논의해 왔지만, 이 모든 것은 결국 교육 과정이 담아야 할 내용입니다. 왜냐하면 교육 과정은 단지 지식을 전달하는 목록이 아니라, 삶을 살아가는 방법을 사회가 교육적으로 조직한 틀이기 때문입니다.

"그럼, 이걸 학교에서 어떻게 가르칠 수 있지?"

답은 간단하면서도 어렵습니다. 교육 과정 자체가 인성을 품고 있어야 한다는 것입니다.

▌ 인성은 교육 과정 전체에 스며들어야 한다

인성은 어느 과목에서 하나요? 라는 질문은 인성을 하나의 과목이나 활동으로 축소한 오해에서 비롯됩니다. 인성은 도덕 시간의 몫도, 창의적 체험 활동의 역할도 아닙니다. 국어, 수학, 과학, 사회, 예술, 체육 등 모든 교과 속에서 인간에 대한 감수성, 협력의 기술, 책임의 태도를 배울 수 있어야 합니다.

국어 시간의 문학 읽기는 공감 능력을, 수학 문제 해결은 협업과 사고력 훈련을, 과학 실험은 책임감과 정직성을, 체육 수업은 규칙 준수와 배려를 길러줄 수 있습니다.

이는 단순한 교과 내용의 확장이 아니라, 교육의 패러다임 자체가 인성을 기반으로 재구성되어야 한다는 의미입니다.

▌ 창의적 체험 활동은 인성의 살아 있는 장이다

창의적 체험 활동은 자율·자치 활동, 동아리 활동, 진로 활동 영역에서 학생의 삶과 인격, 선택과 실천을 경험하는 현실 공간입니다. 그러나 여전히 시수 부족과 평가 편중, 식적 운영으로 그 잠재력을 충분히 발휘하지 못하고 있습니다.

인성교육이 살아나기 위해서는 창의적 체험 활동이 학교문화와 교사 자율성 기반으로 실질화되어야 합니다. 그 틀에서 수련 활동도 강화되어야 합니다.

▌ 교사는 교육 과정을 통한 인성 디자이너이다

교사는 단지 지식의 전달자가 아닙니다. 교육 과정 속에서 인성을 발견하고, 관계 속에서 인성을 조형하는 전문가입니다.

- 수업의 분위기
- 학생과의 관계
- 학급의 문화

이 모든 것이 교사의 언행과 태도를 통해 아이들에게 전달됩니다.

교사는 말로 가르치기보다 삶으로 보여주는 존재이며, 학생들은 교사의 진심과 관계 속 태도에서 사람됨의 기준을 배웁니다.

▎학부모는 학교 교육의 협력자이다

학교는 더 이상 아이를 맡기는 곳이 아니라 가정과 공동으로 양육 책임을 나누는 공적 공간입니다. 그렇기에 학부모는 단순한 민원인이 아니라, 아이의 인성을 함께 기르고 고민하는 파트너입니다.

교사는 교실의 전문가, 학부모는 자녀를 가장 잘 아는 보호자입니다.

양측이 서로의 전문성과 역할을 존중하고 신뢰의 태도로 협력할 때, 아이의 인성은 가정과 학교 사이에서 균형 있게 성장합니다.

불신은 교육의 적입니다. 신뢰는 아이의 성장을 위한 최고의 토양입니다.

▎학교는 공교육의 장이며, 모두가 함께 만드는 삶의 공간이다

이처럼 인성교육은 교사 한 사람의 몫도, 학교만의 책임도 아닙니다. 아이 한 명을 중심으로 가정, 교실, 학교, 지역 사회가 연결되는 생태계 속에서 이루어져야 합니다.

그렇기에 다음과 같은 질문이 자연스럽게 이어집니다.

- 교사는 인성을 어떻게 가르칠 준비가 되어 있는가?
- 학부모는 자녀와 교사, 학교에 대해 어떤 관점을 갖고 있는가?
- 학교는 신뢰와 협력의 공간으로 기능하고 있는가?

인성교육이 가능해지려면 다음과 같은 구조적 전환이 필요하다

- 교육 과정 패러다임의 변화
  - 결과 중심에서 과정 중심으로
  - 시험 대비 중심에서 삶의 성찰 중심으로
- 학교문화의 혁신
  - 교사 간 신뢰, 학생 간 회복적 관계 중심
  - 정서적 안정, 감정 표현, 실수의 허용
- 행정과 제도의 재설계
  - 인성교육을 정량 평가에서 해방
  - 질적 변화, 삶의 기록 기반 성찰 시스템 도입

2022 개정 교육 과정의 핵심 역량도 인성의 다른 이름이다

2022 개정 교육 과정은 다음과 같은 여섯 가지 핵심 역량을 제시합니다.

- 자기 관리 역량
- 지식정보 처리 역량
- 창의적 사고 역량
- 심미적 감성 역량
- 협력적 소통 역량
- 공동체 역량

이들은 단순한 기능적 역량이 아닙니다. 모두 인간으로서 어떻게 살아갈 것인가, 즉 사람됨에 필요한 내면의 태도와 관계의 기술을 반영한 개념들입니다. 다시 말해, 이는 인성의 구조적 재(再)표현입니다. 따라서 인성은 단지 하나의 역량이 아니라, 기반 역량(Foundation Capability)이자 보편 역량(General Capability)이며, 다른 모든 역량을 의미

있게 만드는 바탕의 힘입니다.*

아쉬운 것은 6대 핵심 역량도 마찬가지이지만, 인성을 어떻게 교육 과정 내에서 개발할 것인지에 대한 Roadmap이 없다는 점입니다.

목표는 있는데 가야 할 길도, 신호등도 없는 상태입니다.

선언과 주장만 있지 방법론은 제시되어 있지 않습니다.

▎ 정리하면,

인성교육은 교육 과정 전반의 방향성과 본질에 관한 질문입니다.

교과냐 창의적 체험 활동이냐, 교사냐 행정이냐의 논쟁을 넘어서야 합니다.

그것은 곧

"우리는 어떤 사람을 길러야 하는가?"라는 물음이며, "그 사람됨을

---

* 인성은 단순히 도덕적 가치를 아는 것을 넘어, 모든 학습과 성장의 근간이 되는 역량입니다. Foundational Capability(기반 역량)는 건강한 자기 이해, 타인에 대한 공감, 책임감, 성실성 등 인성적 요소들은 학생들이 지식을 습득하고 기술을 연마하며, 새로운 것을 창조하는 데 필요한 가장 기본적인 토대가 됩니다. 아무리 뛰어난 지식과 기술을 가지고 있어도 인성적 기초가 흔들리면 잠재력을 온전히 발휘하기 어렵고, 사회적 관계에서도 어려움을 겪을 수 있습니다. General Capability(보편 역량)는 특정 과목이나 특정 상황에 국한되지 않고, 삶의 모든 영역에서 요구되는 보편적인 능력입니다. 학교생활, 친구 관계, 가족과의 소통, 미래 직업 활동 등 어떤 상황에서든 올바른 가치관과 태도를 바탕으로 행동할 때 성공적인 삶을 영위할 수 있습니다. 2022 개정 교육 과정의 6대 핵심 역량인 자기 관리, 지식정보 처리, 창의적 사고, 심미적 감성, 의사소통, 공동체 역량 모두 인성적 기반 없이는 온전히 발현되기 어렵습니다. 예를 들어, 공동체 역량은 타인에 대한 배려와 협동심 등 인성적 요소가 필수적이며, 창의적 사고 역량 또한 윤리적인 책임감 없이는 긍정적인 방향으로 발휘되기 어렵습니다.

어떻게 교육 과정에 담을 것인가?"라는 실천의 과제입니다.

- 생애에 걸친 인성
- 관계 속에서 자라는 인성
- 시민적 태도와 책임의 기반으로서의 인성
- SEL과 회복 탄력성을 가능하게 하는 심리적 바탕으로서의 인성

이 모든 것은 결국 교육 과정이 얼마나 사람을 향해 설계되었는가를 묻는 문제입니다. 인성교육은 따로 존재하는 과목이 아닙니다. 그것은 교육 과정 전체가 품어야 할 존재론적 과업입니다.

Part 5

근본부터 다시 설계하는 인성교육

이 장은 인성교육이 왜 작동하지 않는지를 구조적으로 점검하고, 새로운 관점에서 전면적인 재설계를 제안합니다.

해체된 공동체와 교육 3주체의 단절이 인성교육의 기반을 무너뜨렸습니다. 입시 중심 문화와 법·제도 만능주의는 오히려 인성을 왜곡하고 훼손하는 방식으로 작동해 왔습니다. 이제는 법과 절차가 아니라, 관계 회복과 마음 단련, 자율적 질서 형성에 기반을 둔 전환이 필요합니다. 교사와 학부모, 학교 밖 청소년, 특수학생 등 모든 주체를 포괄한 생애 전 주기의 인성교육 체계가 필요합니다. 또래 관계, 수련 활동, 생활 문화 등 비공식적 교육 경험이 의도적으로 설계되어야 합니다. 교사와 학부모 자신도 인성 역량을 다시 배우고 훈련해야 할 시대입니다. 저해된 발달 상태의 성인들에 대한 재교육 역시 더 이상 미룰 수 없는 과제입니다. 전환기의 위기를 넘어설 수 있는 교육적 지원이 제도화되어야 합니다.

AI 시대의 기술 진보 속에서 인간다움(Humanness)과 공동체성(Weness)은 더욱 절실해졌습니다. 좋은 제도만으로는 좋은 사회가 만들어지지 않습니다.

25問

사라진 공동체성 속에서 교육 3주체의 관계는?

"한 아이를 키우기 위해 온 마을이 필요하다."

이 아프리카 격언은 오랫동안 마을 교육 공동체의 이상을 상징해 왔습니다.

그러나 지금 대한민국에서 이 말은 점점 낯설고도 먼 이야기가 되어가고 있습니다. 마을은 해체되었고, 가족은 해산되었으며, 학교는 공동체의 마지막 보루였지만 이제는 경쟁과 서열화의 최전선이 되어버렸습니다.

과거 농경사회에서는 아이 한 명이 사회적 존재로 성장하기 위해 특별한 프로그램이 필요하지 않았습니다. 아이는 마을에서 형과 누나, 삼촌과 할머니를 만나며 자연스럽게 관계를 맺었고, 놀이와 일상 속에서 배움을 경험하고 자연과 함께 놀면서 신체를 단련했습니다.

대가족과 마을 공동체는 배움의 공간이자 관계 맺음의 장이었습니다.

하지만 산업화, 도시화, 핵가족화, 아파트 문화는 이 모든 유기적인 교육 환경을 해체했습니다. 더는 형이나 어른이라는 개념이 자연스럽게 주어지지 않습니다. 자연보다는 인공물에 익숙한 세대, 관계보다는 스펙과 데이터를 중심으로 자라는 아이들. 공동체가 사라진 자리에, 공동체성도 함께 사라졌습니다.

▎세대 간 단절, 공동체 단절

이제 대한민국은 노인 세대, 부모 세대, 청소년 세대 간의 인식 격차가 세계 그 어느 나라보다 심각한 나라가 되었습니다. 압축 성장을 경험한 사회의 전형적인 특성이라 할 수 있습니다. 각 세대는 서로의 문법을 이해하지 못합니다.

- 노인 세대는 마을 공동체의 기억 속에서 지금의 사회를 한탄하고
- 부모 세대는 자신도 배워보지 못한 부모됨을 고민하며
- 청소년 세대는 정서적·사회적 훈련의 기회를 박탈당한 채 살아갑니다.

그 결과, 아이들은 다음과 같은 위기에 처해 있습니다.

- 인격과 관계 형성 능력의 약화
- 사회규범 내면화의 결핍
- 정서적 혼란과 건강한 체력 관리의 어려움
- 형식만 남은 가정교육

무엇보다, 공동체성의 실종은 언어와 행동에서도 드러납니다. 예절과 고운 말이 사라졌고, TV와 영화, 온라인 공간에서는 험한 표현과 무례한 언행이 일상화된 가운데, 이를 방어해 줄 교육적 장치도, 사회적 책임도 제대로 작동하지 않고 있습니다.

다른 사람의 신체를 무분별하게 접촉하는 것이 실례일 수 있다는 기본적인 사회문화조차 형성되지 못하고 있는 현실은, 우리가 얼마나 공동체성 교육을 소홀히 했는지를 그대로 드러냅니다. 즉, 이는 단지 교육 시스템의 문제가 아니라, 사회 전체가 공동체적 돌봄과 사회화 기능을 방기한 데 따른 구조적 결과인 것입니다.

▌부모 세대, 지식 중심 교육의 또 다른 피해자

부모 세대 역시 이 위기의 중심에 있습니다. 이들은 한 번도 부모됨을 제대로 배운 적이 없습니다. 아동 발달도, 양육의 의미도, 교육의 방향도 모른 채 부모가 되었습니다. 과거에는 마을과 대가족이 부모됨의 과정을 전승해 주었지만, 지금은 불가능합니다. 이들은 입시 중심 교육의 직격탄을 맞은 피해자이자, 경쟁의 상처를 자녀에게 전이하는 또 하나의 피해 생산자가 되었습니다.

내 자식은 금쪽이라는 구호 아래, 부모는 자신의 좌절된 욕망을 자녀를 통해 보상받으려 하며, 경쟁에서 이겨야 부모 역할을 제대로 하는 것처럼 여겨지는 왜곡된 문화가 형성되었습니다. 자녀에게 올인하며, 남보다 우월하지 않으면 학교 행사에도 나서지 못하는 문화를 만들어졌습니다. 이 속에서 자녀는 움츠리고 위축됩니다. 공동체 속에서 성장해야 할 아이는, 부모의 과잉 욕망, 오도된 인식 속에서 피해자가 되고 있습니다.

또한, 이러한 부모 세대는 권리 의식은 강하지만, 책임과 의무, 공동체적 조화는 배워보지 못했습니다. 한때는 권리를 말할 수 없었던 시대의 반작용이었을지 모릅니다. 그 결과, 오늘날 우리는 권리만 존재하는 교육을 마주하고 있습니다. 학생인권조례 등 권리 중심 담론은 정착되었지만, 그것이 공동체를 위한 질서나 배려와 연결되지 못했습니다.

교사 세대, 고립된 성장의 또 다른 증인

그리고 교사 역시, 이 위기의 고리를 함께 형성하는 제3의 축입니다. 지금의 교사들 역시 경쟁 중심 교육의 굴레 속에서 자라났습니다.

지식 위주의 교육, 비교 중심의 학교생활, 학원과 집만 오가는 쳇바퀴 인생을 살아온 이들이 바로 교사가 된 것입니다.

마음 교육을 받아보지 못했고, 갈등 해결의 경험도 없었습니다. 학교로 다시 돌아온 그들은, 자신이 경험했던 학교와 너무도 달라진 현실에 실망하고, 때로는 절망합니다. 학생과는 거리감이 생기고, 보호자와의 관계는 민원 중심으로 정리되고 있습니다. 교사의 직업관은 흔들리고 직무 만족도는 하락하고 있습니다. 교사 개개인의 권리 의식은 커졌지만, 정작 학생과 교감하고 연대할 능력은 줄어들고 있습니다.

▮ 교육 3주체의 관계 단절

이처럼, 입시 중심 교육을 겪은 세대가 교사가 되고, 그들과 유사한 환경에서 자란 이들이 부모가 되었으며, 그 자녀들이 지금의 학생이 되었습니다. 결과는 명확합니다. 학생은 학생대로, 보호자는 보호자대로, 교사는 교사대로 고립되었고, 교육의 3주체 관계는 실질적으로 와해되었습니다. 이제 학교는 언제, 어떤 일이 터져도 이상할 게 없는, 마치 폭발 직전의 사회와 같습니다.

- 학생은 말합니다. "교사는 나를 모른다."
- 학부모는 말합니다. "교사가 책임을 다하지 않는다."
- 교사는 말합니다. "나는 이해받지 못한다."

이런 구조 속에서 아이들이 신체적 건강, 정서적 건강, 지적 역량, 사회적 역량, 시민적 역량, 문화적 역량, 직업적 역량을 기를 수 있을까요? 이 질문 앞에서 정직하게 대답해야 합니다. 지금의 구조로는 불가능합니다.

학교와 지역 사회는 어떤 역할을 하고 있을까?

이 모든 상황을 변화시키려면, 단순한 제도 개선이나 정책 지침을 넘는 구조적 재설계가 필요합니다. 청소년의 문제 행동, 교사의 소진, 학부모의 불신은 따로 분리된 문제가 아닙니다. 그것은 모두 관계 부재라는 공통의 뿌리를 가진, 사회적 아노미(Anomie)의 징후입니다.

이처럼 부모와 교사로 성장해 오는 과정에서 정작 키우지 못한 것들이 있습니다. 바로 마음을 단련하는 힘, 사회력을 형성하는 능력, 그리고 좌절 속에서 다시 일어나는 회복 탄력성입니다. 내면의 발달이 억제되거나 지연된 이 '저해(沮害)된 발달(Deterred Development)'은 이제 개인의 문제가 아니라 사회적 재앙에 가깝습니다. 그럼에도 사회는 여전히 이 내면의 성장에 무관심하고, 교육은 여전히 지식의 성취만을 좇고 있습니다. 그러면서 법으로만 모든 것을 해결하려고 합니다. ○○초 교사 자살 사건에서 보듯이 네 개의 법을 바꿨지만 교실 현장은 크게 달라지지 않고 있습니다.

대안은 공동체의 재구성

답은 공동체의 회복입니다. 이제 학교 교육의 본질적 변화가 필요합니다. 과거 마을 공동체와 가족 공동체가 수행하던 역할을 지역 사회가 담당할 수 있어야 합니다. 학교는 지역 사회와 협업하여 학생의 삶의 기반을 다시 세워야 합니다. 체력과 덕성, 지성과 감성이 균형 있게 자랄 수 있는 교육 환경을 만들어 가야 합니다. 무엇보다도 공동체성을 회복해야 합니다.

그리고 이 회복은 학생만의 몫이 아닙니다. 저해된 발달이 나타나고 있는 교사와 학부모들도 회복이 필요합니다.

- 교사는 사람을 가르치는 직업임을 다시 체감해야 합니다.
- 학부모는 내 자식만이 아닌, 우리의 아이를 기르는 자세를 배워야 합니다.
- 지역 사회는 교육의 파트너로 다시 참여해야 합니다.

무엇보다도, 학교 교육 과정 속에서 '한 인간이 되는 법(Learning To Be)'과 함께 공동체성, 즉 '함께 살아가는 법(Learning To Live Together)'을 어떻게 구현해 나갈 것인지에 대한 철저한 성찰이 필요합니다.

학생 자살, 교사 자살, 학부모의 갑질. 이 모든 것은 현상만 다를 뿐, 왜곡된 지식 교육과 붕괴된 공동체성이라는 동일한 뿌리를 공유합니다. 이 문제를 방치하면, 또 다음 세대는 지금보다 더 깊은 고립

속으로 빠져들 것입니다. 대한민국은 이제 공동체의 재구성을 국가적 과제로 삼아야 합니다.

아파트 문화 속에서도 공동체는 자라날 수 있도록 해야 합니다.
학교는 다시 마을의 중심이 될 수 있도록 만들어 가야 합니다.

지금이 아니면 늦습니다. 아이 하나를 키우기 위해서는, 지역 사회가 책임을 질 수 있어야 합니다. 학교도 지역 사회와 함께해야 합니다.

26問

대학 입시가 주범?
교육계의 상상력 부족은 면책될 수 있을까?

평생학습 기반의 입시 다양화가 해법이다

"그래도 공부는 해야 하지 않나?"
"좋은 대학 가야 사람대접받지."
"일단 성적부터 올리고, 인성은 그다음이야."

이 말들은 현실적 조언처럼 들리지만, 사실은 우리 사회가 교육과 인성의 관계를 근본적으로 왜곡해 온 담론의 잔재입니다.

입시는 경쟁을 부추기고, 경쟁은 비교를 강화하며, 비교는 결국 타인을 적으로 만들고, 자신을 소모하게 합니다.

▎입시는 교육의 목적을 뒤바꿔 놓았다

인간 형성의 과정이 아니라, 선발과 변별의 장치가 되었고, 공부의 즐거움이 아니라, 점수의 집적이 중심이 되었으며, 관계와 실천을 통한 성장이 아니라, 성과와 서열이 우선시되는 구조가 굳어졌습니다. 그 결과, 인성은 교육의 본질이 아니라 부차적 항목으로 전락했고, 교육 풍토는 성찰보다 경쟁, 공감보다 성취를 우선시하게 되었습니다.

▍입시 중심 교육은 인성을 구조적으로 왜곡한다

"인성은 평가되지 않으니 중요하지 않다."
"성적만 좋으면 인성은 좀 부족해도 괜찮다."
"입시에 방해되면 봉사도, 토론도, 관계도 시간 낭비다."

이런 분위기 속에서 인성은 삶의 태도가 아니라, 스펙의 장식품으로 전락하고 맙니다.

▍입시 중심 문화는 사회 전체의 인성까지도 왜곡한다

수능 점수가 사람의 등급을 나누고, 학벌이 인격의 증명서처럼 통용되며, 경쟁이 사회의 기본값이 되는 나라.

그 속에서 사람다움의 자리는 점점 좁아집니다. 배려보다 선점이, 공감보다 승리가, 협력보다 쟁취가 앞서는 문화 속에서 인성은 사치

품처럼 여겨지고, 품격은 성공의 부속물이 되며, 공동체는 이기심의 각축장이 되어갑니다.

이것은 단지 학교 교육의 실패가 아닙니다. 국가 전체가 공유하는 가치 체계의 붕괴, 그리고 우리 사회의 방향 감각 상실을 말해주는 징후입니다.

입시는 삶의 방향을 안내하는 나침반이 되어야지, 사람을 줄 세우는 저울이 되어서는 안 됩니다. 우리가 점수를 높이려다 사람을 잃고 있다면, 그 사회는 이미 교육이 아니라 순위만을 가르치고 있는 것입니다.

그러나 문제의 본질은 노동시장 구조에 있다

Wag The Dog라고 합니다. 꼬리(입시)가 개(교육)를 흔든다는 말입니다. 틀린 말은 아닙니다. 그러나 그렇다고 무조건 옳다고 할 수는 없습니다.

입시가 교육을 지배한다는 인식의 뿌리에는 좋은 대학이 졸업 이후의 좋은 삶을 보장한다는 생각 때문입니다. 취업만 아니라 결혼까지도 영향을 미친다고 생각합니다.

하지만, 입시가 교육을 왜곡시키는 결정적 배경에는 노동시장 이중구조와 불평등한 인사제도가 자리하고 있습니다. 우리가 이 문제를 직시(直視)하지 않는 이상 입시 문제 해결은 쉽지 않습니다.

괜찮은 일자리는 너무 적어 소수에게 집중되고, 채용은 직무나 역량이 아니라 시험 보는 능력으로 뽑고, 경력보다 학력과 학벌이 우선시되는 내부 노동시장 중심의 인사관리가 지배적입니다.

외부에서 훌륭한 경력을 쌓더라도 노동시장 신규 진입(進入)이 어려운 구조입니다. 교사 자격이 없으면 학교에서 일하기 쉽지 않은 것처럼 말입니다. 동시에 평생학습 시스템은 미흡하여, 순환 학습이나 후진학도 실질적으로 어렵습니다.

이런 구조에서는 처음부터 좋은 대학을 가야 좋은 인생을 산다는 강박이 오히려 합리적으로 보일 수밖에 없습니다. '사'자 돌림의 전문 자격을 취득하는 것이 살길이라고 생각합니다. 그러나 이는 소수만이 누릴 수 있는 경로에 전체 청소년의 삶을 맞추는 불공정한 시스템입니다.

▍교육계는 입시 담론에 갇혀, 성찰을 게을리했다

물론 교육은 이 구조의 피해자입니다. 그러나 동시에, 교육 스스로 변화하려는 의지와 실천이 부족했던 가해자이기도 합니다.

교육은 너무 오랫동안 입시 제도만 탓하며 내부 혁신을 미뤄왔고, 입시 제도라는 그럴듯한 방패(防牌) 뒤에 숨어 학생 성장의 책임을 회피해 왔습니다. 입시 제도는 최고의 면피(免避) 수단이 되었습니다. 이제는 교육도 자기 책임을 성찰해야 합니다. 변명이 아니라 개혁의 방향으로 나아가야 합니다.

입시 경로는 얼마든지 다양화할 수 있었다

"Wag The Dog, 입시가 문제다."라고 한탄하지 말고, 교육 자체를 바꾸려는 노력도 얼마든지 필요합니다. 대학 입시만 해도 굉장히 다양한 방안을 생각해 볼 수 있습니다. 그러나 지금 대학 입시 제도의 개편 방안이라고 나오는 많은 방안들은 여전히 모양과 포장지만 바꾸는 미봉책입니다.

- 전문대학은 기초적인 학업 능력만 있으면 수능 없이도 입학할 수 있어야 합니다. 고등학교에서 수강한 과목, 취득한 자격증, 학업과 경력개발계획서 등이 평가될 수 있을 것입니다.
- 일정 기간(예: 1년 이상) 노동시장 경험이 있다면 성인 입학 경로로 대학 입학을 할 수 있어야 합니다. 지금처럼 정원 외로 하는 것이 아니라 이 경로가 주된 경로 중의 하나가 되도록 만들어야 합니다.
- 전문대→4년제 대학으로의 수평적·수직적 이동 경로를 확장할 수 있어야 합니다. 편입과 학점 인정(Credit Transfer)도 확대하고, 전문대학과 4년제 대학의 Articulation Agreement도 확대할 수 있

습니다.
- 후 진학, 학습 이력 기반 전형, RPL(학습 경험 인정) 등 새로운 입학 모델도 얼마든지 다양하게 설계해 나갈 수 있습니다.
- 수능 한 번이 아닌, 삶의 다양한 노력과 경험이 진입의 자격이 될 수 있는 체계가 만들어져야 합니다. 성인 학습자에게 수능 성적과 내신 성적을 요구하는 이해하기 어려운 제도를 바꿀 수 있어야 합니다.

이러한 전환은 좋은 대학에 가는 길을 다양화하고, 그 길의 비용은 낮추며, 삶과 연계된 입시로 교육을 재구성하게 될 것입니다.*

지금의 구조는 소수를 위해 다수를 희생시키는 체제이다

교육계 스스로 혁신하지 않은 채, 대학 입시에만 책임을 돌리는 현행 입시 중심 구조는 상위 10~20%의 괜찮은 대학 입학생들만을 위한 시스템입니다. 그리고 그 구조를 유지하기 위해, 대다수 학생은 과도한 부담과 자기 비하의 문화 속에서 성장의 기회를 박탈당합니다. 그에 따라 학습은 즐거움이 아니라 고통이 되고, 학교는 공동체가 아니라 시험장이 되며, 성장은 사람됨이 아니라 점수로만 측정됩니다.

---

* 진짜 혁신적인 방안은 필자의 『직업교육원론: 직업교육, 다시 묻고, 새로 쓰다』을 읽어보시기 바랍니다. .

이 구조는 결국 인성마저도 왜곡시키고, 사람을 키우는 교육의 본질을 침식시키고 있습니다.

정리하면,

입시는 교육을 뒤흔드는 구조입니다. 하지만 그 구조를 고착시켜 온 것은 단지 제도 자체가 아니라, 우리 사회의 관념과 방관, 그리고 교육계의 책임 회피입니다. 이제 우리는 다음을 물어야 합니다.

"입시는 누구를 위한 제도인가?"
"성적은 사람의 무엇을 증명하는가?"
"우리는 왜 아직도 '공부 잘하면 다 된다.'라는 말에 기대고 있는가?"
"성인 학습자에게 수능시험을 사실상 요구하는 게 올바른가?"
"대학은 왜 잘 가르치려는 생각보다 시험 성적 좋은 학생들을 뽑는 데에 그 많은 에너지를 쏟는가?

교육은 바꿀 수 있습니다. 지금의 대학 입시 제도만 탓하지 말고, 평생학습 기반의 다채로운 입시 제도를 설계합시다.
그래야만 대학으로 몰리는 이 압력을 줄일 수 있고, 80~90% 학생을 고통 속으로 몰아넣으며, 그렇다고 10~20% 학생에게도 꿈과 희망을 주지 못하는 지금의 입시 제도를 바꿀 수 있습니다.
학교 교육이 인성과 삶을 위한 교육으로 변할 수 있을 겁니다.

교육계의 입시 탓은 책임 회피일 수 있습니다.

지금 우리가 갖고 있는 생각의 틀을 깨는 순간 수많은 아이디어가 생겨납니다.

국민들과 당당하게 대토론을 해야 합니다.

교육계의 정책적 상상력 부족과 게으름은 면책되기는 어려울 것 같습니다.

27問

입법 만능주의, 절차주의가 인성을 망가뜨린다고?

학교폭력 대책의 역설

많은 이들이 인성교육과 학교폭력 예방을 등치(等値)하곤 합니다.

정책 문서에서도 '인성교육 = 학교폭력 예방'이라는 등식이 당연시됩니다.

하지만 이러한 접근은 인성교육의 본질을 심각하게 왜곡합니다. 학교폭력 문제에 대한 정부와 사회의 현재 대응 방식은 회복이 아닌 처벌, 교육이 아닌 관리, 사람됨이 아닌 절차를 우선시하며, 결국 학교를 교육 기관에서 행정 기관으로, 교사를 교육자에서 절차 관리인으로 전락시키고 있습니다.

▎인성교육의 자리를 '형사절차'가 대체하고 있다

　오늘날의 학교폭력 대응은 법과 절차 중심입니다. 가해 학생은 전학과 출석정지 등 처벌의 대상이 되고, 피해 학생은 학습권을 제한당하면서 트라우마 속에 고립됩니다. 학교는 보고와 기록 관리에 시달립니다.

　「학교폭력예방법」의 조항들은 형법의 죄명을 그대로 빌려와 미성년자인 학생의 미성숙한 행동과 말조차 모두 '폭력'으로 정의합니다. 조금 거친 말은 폭력적인 언어가 되고, 학교 밖의 사소한 다툼도 학교 책임의 범주로 들어옵니다. 이제 학교는 사법 절차의 하청 기관처럼 작동하고 있습니다.

　결국, 「학교폭력예방법」이 학교의 생활 문화를 긍정적인 관계 형성보다는 즉각적인 분리와 격리, 처벌이 필요한 적대적 관계로 만들고 있습니다.
　여기에 학생부 기록이라는 지침은 학교폭력 문제를 끊임없는 행정 심판과 소송의 소용돌이 속으로 밀어 넣습니다. 변호사들을 바쁘게 하고 있습니다.

▎학교폭력은 사람됨의 문제가 드러나는 현상이다

　학교폭력은 일회적 폭행이나 장난이 아닙니다. 그 이면에는 인내심 부족, 공감 능력 결여, 갈등 조절력 부재, 책임 회피와 같은 인성의 결핍 현상이 자리 잡고 있습니다. 가해자든 피해자든 모두 관계 맺기, 감정 표현, 자기 통제, 책임감에 있어서 충분히 배우지 못하고 자란 결과일 수 있습니다.

그래서 학교폭력은 단지 규칙을 어긴 문제가 아니라 사람됨이 무너진 징후로 보아야 합니다. 학교폭력의 본질을 이렇게 본다면 대책도 사람됨을 다시 세우는 것이 되어야 합니다.

▍하지만, 피해자의 회복과 가해자의 선도는 사라지고 있다

법적 절차는 분리와 격리에만 집중합니다. 공감, 성찰, 관계 회복은 실종됩니다. 피해자는 보호받지만 치유받지 못하고, 가해자는 징계받지만 변화할 기회를 얻지 못합니다. 가해자란 낙인만 남습니다. 교사는 절차만 수행하며 교육자의 역할을 단념합니다.

결국, 학교는 교육 기관이기를 포기했고, 교사는 교육자가 아닌 행정 주체가 되었습니다. 이러한 상황을 만들어 낸 건 정치와 언론, 일부 학부모, 그리고 무능력한 교육계의 합작품(合作品)입니다.

▎정부는 입법 만능주의에 빠져 있고, 절차주의만 강화하고 있다

21대, 22대 국회에서도 「학교폭력예방법」은 수차례 개정되었습니다. 그러나 그 대부분은 드러난 문제에 대한 사후적 대처일 뿐, 교육적 해법이나 회복적 접근은 실종된 상태입니다.

법을 지켜라, 기록하라, 신속히 보고하라는 메시지는 교육의 본질보다 행정과 사법의 체계를 우선시하게 만들었고, 교사에게는 오히려 절차만 따르면 '할 일은 했다.'라는 역설적 면책을 제공하고 있습니다. 학교도, 교사도, 교육청도 법대로만 하면 된다고 스스로를 설득합니다. 회복과 성숙은 뒤로 밀리고, 교육은 공동체를 잃은 채 절차주의(Proceduralism)의 껍데기와 관료제의 레드 테이프(Red Tape) 속에 갇혀 있습니다.

▎처벌이 필요하더라도 신중해야 하며, 교육적 접근이 우선이다

아이들은 미성숙한 존재입니다. 그렇기에 발달과 개선의 가능성이 있습니다.

정말 소년범(少年犯)으로 처벌해야 하는 심각한 사항이 아니라면(이 경우에도 교정이 우선입니다), 아이들의 마음, 즉 그 문제의 원인을 찾아 해결해 주려는 노력이 우선되어야 합니다.

사법적 절차는 최소화되어야 하며 교육적 접근이 우선되어야 합니다. 따라서 경찰이 먼저 인지한 사건이건, 다른 곳으로부터 통보를 받은 사안이건 경찰조사가 불필요한 사안이라면 사법적 절차를 진행하지 않아야 합니다.

학교가 사법적 절차 필요 여부를 판단하기 어려울 수 있으므로 교육청과 경찰은 이를 지원할 수 있는 시스템을 갖추어야 합니다. 학생 징계는 학칙에 따라 처리하되, 교육 기회를 박탈하거나 제한하기보다는 대안학교 등 교육 기회를 지속시켜 주는 방안을 우선 고려해야 합니다.

▍회복적 접근이 인성 회복의 관건이다

이제는 문제 중심(Problem-Based)에서 벗어나 학생의 가능성과 내면의 힘에 주목하는(Strength-Focused) 접근으로 전환해야 합니다. 이것이 바로 인성교육으로서의 학교폭력 대응입니다.

- 왜 그랬는지 진심으로 듣기
- 피해자의 감정을 정확히 인지하고 언어화하기
- 자신이 끼친 영향에 대해 책임지는 법을 배우기
- 다툰 친구와 다시 만날 수 있는 용기와 공간을 제공하기
- 잘못을 극복할 수 있는 가능성을 찾아보기
- 잘못된 행동의 근본 원인을 찾아 해결해 주기

이 모든 과정은 처벌이 아니라 회복을 통해 사람이 자라는 기회가 되어야 합니다. 동시에 학교의 자율적 질서 회복 노력과 학생의 회복탄력성을 키우는 성장 지향적 대책으로 바뀌어야 합니다.

또한 문제 해결은 전 공동체의 회복 과정이 되어야 합니다. 가해자와 피해자만이 아니라, 주변 친구, 교사, 학부모, 학급 전체가 상처를 입기 때문입니다.

예방은 규칙보다 감정 교육에서 시작되어야 한다

많은 정책은 처벌 강화와 신속한 대응을 강조합니다.
그러나 정작 중요한 것은 아이들이 자신의 감정을 인식하고, 말로 표현하며, 갈등을 관리하는 방법을 배우는 것입니다.

- 분노가 올라올 때 멈추는 법(화를 다스리는 법)
- 거절당했을 때 자기감정을 설명하는 법
- 친구와 갈등했을 때 다시 관계를 회복하는 대화 능력

이런 교육이 제대로 이루어지지 않는다면, 학교폭력은 단지 더 교묘하고 은밀한 형태로 변할 뿐입니다. 아이들의 언어 사용부터 고쳐져야 합니다.
감정의 표현도 욕설이 담겨서도 안 됩니다.

올바른 언어 사용과 다양한 감정 표현!
이는 사실 유치원 교육부터 시작되어야 할 국가적 과제입니다.

교육 과정의 운영을 바꿔야 한다

학교폭력에 대한 근본 대책은 교육 과정 기반의 인성 역량 교육입니다.
함께 살아가기 교육을 되살려야 합니다.

우리의 교육도 성적 지상주의와 음악이나 체육 활동에서도 단체 활동보다도 개인 활동을 더 우선시하는 경향을 벗어나야 합니다. 윤리 및 가치관 교육, 다문화 교육을 강화해야 합니다.

음악, 미술, 무용 등 예술 교육은 개인의 특출한 기량을 뽐내기보다 다른 사람의 소리, 몸짓에 집중하고, 지휘자나 감독자의 지시와 가이드를 존중하며 조화를 이루는 능력을 배우는 데 중점을 두어야 합니다.
자신이 잘한다고 소리를 키우면 오케스트라의 조화(Harmony)는 무너질 수밖에 없기 때문입니다. 일부 종목을 제외한 대부분의 체육 활동도 조화와 팀워크를 배우는 과정인 단체 경기 중심으로 이루어져야 합니다.

교과 및 수행평가에서도 모둠 학습을 강조하고, 수련 활동도 팀 단위

위주로 운영해야 합니다. 외국인(재외국민) 자녀와의 협력 활동을 강화하고, 학교/학급회의 등을 통해 민주시민 교육도 활성화해야 합니다.

생명 존중 교육, 타인 존중 교육도 중요하게 다루어져야 합니다.

팀원들과의 수평적 협력 의식을 고양하기 위해 동아리 활동 참여를 적극 장려할 필요가 있습니다. 물론 고운 말, 바른말 쓰기를 생활화해야 합니다. 욕설과 험담, 거친 말이 다 함께 살아가는 공동체를 파괴하는 첫 번째 요인이 되기 때문입니다.

▎자율적/자발적 문제 해결 능력을 강화해야 한다

긍정적인 대인 관계 형성을 위해 학생들의 자율적이고 자발적인 문제 해결 능력을 강화해야 합니다. 다음과 같은 제도가 형성되어야만 학생과 학교가 주도적으로 갈등을 해결하고, 필요시 외부의 도움을 받아 건강한 방식으로 관계를 재정립하는 역량을 키우게 될 것입니다.

사소한 갈등 발생 시 학생 자치회에서 해결책을 모색하도록 유도해야 합니다. 학교폭력 심의를 받을 필요가 없어야 합니다. 그래야 학생들 스스로 문제를 해결해 갈 수 있습니다.

복잡한 갈등 발생 시에는 외부 학생 상담 전문가(사회 복지사 포함)가 해결책을 제시하고 참여를 유도해야 합니다. 때에 따라선 마을 공동체나 지역 사회의 어른이 이 역할을 담당할 수도 있습니다.

가벼운 징계가 필요한 사안이라고 외부 전문가가 판단한다면, 이때 교장은 학칙에 따라 징계를 할 수 있을 것입니다.

학생 상담이 필요하거나, 사회 복지 시스템의 개입이 필요할 수 있습니다.

이 경우에는 학교가 적극적으로 이 개입을 지원해야 합니다.

학생부 기록은 형사법적으로 문제가 된 사항만 제한적으로 기록하는 방향으로 바뀌어야 합니다.

교육청이 지원해야 하고, 학부모는 학교의 결정을 존중해야 한다

교육청은 모든 아이들의 마음 건강을 위한 정책을 수립해야 합니다. 교과교육과 거의 같은 비중으로 마음 건강을 위한 정책을 추진해야 합니다.

학생들의 고충을 들어주고 상담할 수 있는 위원회는 외부 전문가가 중심이 되어 운영하고, 상담 및 대화 전문가, 피해자 지원 체계를 구축해야 합니다.

보호자도 학교의 판단과 결정을 존중해 줄 수 있어야 합니다.
'내 자식은 반드시 옳다.'라는 생각에서 벗어나야 합니다.
그래야만 학교의 자율적, 교육적 노력이 빛을 발할 수 있습니다.

그럼에도 수용하기 어려울 경우에는 교육청에 고충 처리를 요청할 수 있어야 합니다. 고충 처리 결과를 수용하기 곤란할 경우 준사법적 절차(옴부즈맨)를 활용하여 보호자의 권리를 보호하고 교육적 결정을 존중하는 문화를 만들어야 합니다. 이는 학교와 가정이 협력하여 학생의 성장을 지원하는 중요한 기반이 됩니다. 이러한 시스템이 만들어지지 않으면 행정 심판과 소송이라는 악순환에서 헤어날 수가 없습니다.

지금 이 구조를 바꾸지 않으면 교육도, 아이도 무너진다

지금의 방식은 모두가 책임이 있는 실패입니다.

학교폭력 대응은 피해자 보호도, 가해자 교정도, 공동체 회복도 이뤄내지 못하고 있습니다. 그리고 그 책임은 정부만이 아니라, 정치권, 교육계, 언론, 학부모 모두에게 있습니다.

절차만 지키면 된다는 인식은 교육이 아닌 행정의 논리이며, 아이들의 성장과 회복을 가로막는 장벽입니다. 학교폭력은 사람됨이 무너진 징후입니다. 그것은 교육의 실패이며, 인성의 구조적 배제입니다.

더 이상 학교가 사법 기관과 형사법 절차의 하위 구조가 되어서는 안 됩니다.

더 이상 학교와 교사가 책임 회피를 절차 준수로 정당화해서는 안 됩니다.

이 문제를 방치하면, 교육은 더 이상 교육이 아닙니다.
지금이 구조 전환의 마지막 기회일지도 모릅니다.

28問

도시화, 산업화, 핵가족화, 아파트 문화 속에서 요구되는 새로운 공동체성이란?

'사람은 혼자 살 수 없다.'라는 이 익숙한 문장은 오늘날 우리 사회에서 너무나 쉽게 잊히고 있습니다. 인성은 본질적으로 함께 살아가는 방식을 길러내는 교육이며, 그렇기에 공동체는 인성이 자라고 다듬어지며 발현되는 삶의 현장입니다. 그러나 현재 우리는 공동체를 잃어가고 있으며, 이는 인성 발달의 위기로 이어지고 있습니다.

그렇다면 우리는 어떤 공동체성을 추구해야 하며, 이를 통해 어떤 사회를 만들어 가야 할까요? 이 질문에 대한 답을 미국의 심리학자 콜버그(Kohlberg)의 '도덕성 발달 이론(Stages Of Moral Development)'을 통해 모색하고, 한국 사회의 인성 발달 과제를 진단하고자 합니다.

콜버그의 도덕성 발달 이론으로 본 한국 사회의 공동체성 변화

로런스 콜버그의 도덕성 발달 이론은 인간의 도덕적 추론 능력이 세 가지 수준과 여섯 단계에 걸쳐 발달한다고 설명합니다.

제1수준: 전 인습적 수준 (Pre-Conventional Level)
- 1단계(벌과 복종 지향)
- 2단계(도구적 상대주의, 개인적 이기주의)

제2수준: 인습적 수준 (Conventional Level)
- 3단계(착한 소년/소녀 지향, 대인 관계의 조화): 타인의 기대에 부응하고, 좋은 사람으로 인정받기 위해 행동합니다. 사회적 조화나 타인을 기쁘게 하는 것이 도덕적 판단의 기준이 됩니다.
- 4단계(법과 질서 지향, 사회 체계 도덕성): 법과 사회 질서를 유지하는 것이 가장 중요하다고 생각합니다. 법은 절대적이며, 사회 질서를 유지하기 위해 반드시 지켜야 할 것으로 봅니다. '합법성'이라는 개념이 강하게 나타나는 단계입니다. 또한, 법이 만들어진 절차적 정당성만을 중시하고, 그 법이 과연 실질적인 정의나 보편적인 인권을 담고 있는지에 대한 내용적 측면의 고민이 부족할 수 있습니다. 이는 사회 계약과 보편적 원리(5단계, 6단계)를 고려하지 못하고, 단순히 주어진 법규를 준수하는 것에 머물러 도덕성 발달의 상위 단계로 나아가는 데 걸림돌이 될 수 있습니다.

제3수준: 후 인습적 수준 (Post-Conventional Level)

- 5단계(사회 계약과 합법성 지향): 법과 질서의 중요성을 인정하지만, 이는 사회 구성원 간의 합의(사회 계약)에 의해 만들어진 것이며, 다수의 복지를 위해 변경될 수 있다고 봅니다. 법의 경직성보다는 그 안에 담긴 사회적 합의와 공리적 관점을 중요하게 생각합니다. 따라서 비합리적이거나 정의롭지 않은 법에 대해서는 비판적인 시각을 가질 수 있습니다. 이 단계에서도 '합법성'이라는 개념이 중요하게 다루어지지만, 4단계와는 달리 법의 유연성을 인정합니다.
- 6단계(보편적 도덕 원리 지향): 보편적인 인권, 정의, 평등 등 추상적인 윤리적 원리에 따라 도덕적 판단을 내립니다. 사회의 법이나 관습이 이러한 보편적 원리에 위배될 경우, 자신의 양심에 따라 행동합니다.

우리나라에 팽배한 '법대로', '입법 만능주의'와 같은 의식은 콜버그의 도덕성 발달 이론 측면에서 볼 때 주로 4단계 '법과 질서 지향'에 해당한다고 볼 수 있습니다. 공동체가 붕괴되고 새로운 합의를 만들어 가는 과정이 부재한 상황에서, 사람들은 혼란을 피하고 사회 질서를 유지하기 위한 가장 확실한 방법으로 '법'에 의존하게 되었다고 생각됩니다. 법이 모든 것을 해결해 줄 것이라는 믿음, 혹은 법이 규정하는 대로만 행동하면 된다는 안이함이 만연해지는 현상입니다. 이는 법의 내용적 정당성이나 보편적 가치와의 부합 여부보다는, 법규 자체의 준수에 초점을 맞추는 경향을 보입니다.

2023년도 ○○초 교사 자살 사건 이후로 정부가 취했던 방식이나, 지난 정부에서 학교폭력 사안 처리 절차를 바꾼 것도 기저에는 이러한 태도가 존재합니다.

건강한 Weness의 필요성

한국 사회의 공동체성은 '우리'라는 언어적, 문화적 특징을 반영한 Weness라는 필자의 조어로 설명할 수 있습니다. 이는 '나'라고 하지 않고 '우리'를 주로 사용하는 언어적, 문화적 특징을 반영하며, 우리 사회가 깊은 공동체주의적 가치관과 밀접하게 연결되어 있음을 보여줍니다.

과거 전통적 공동체(마을 공동체, 대가족 공동체 기반)의 Weness는 콜버그의 도덕성 발달 이론 3단계 수준(대인 관계의 조화, 착한 아이 지향)에 머물렀습니다. 이는 공동체 내부의 조화와 타인의 기대에 부응하는 것을 중시했지만, 개인의 자율성이나 다양성이 존중되지 못하는 상황으로 이어지기도 했습니다. 나쁘게 보면 집단주의나 전체주의로 변질될 수 있는 소지를 가졌고, 회사에서는 '꼰대 문화' 등으로 발현되기도 했습니다.

그러나 이러한 전통적 Weness는 도시화, 핵가족화, 교육의 경쟁화, 온라인 중심의 비대면 문화 속에서 점차 사라졌습니다. 그 결과,

공동체가 붕괴된 이후의 새로운 사회 계약과 새로운 공동체성이 부재한 상황에서, 젊은 한국인(30~40대까지)은 '이기적 개인주의(Selfish Individualism)'에 가까운 형태로 변했습니다. 이는 콜버그의 도덕성 발달 이론의 4단계의 부정적 측면이 극대화된 상태로 보입니다. 법은 사회 질서를 유지하는 수단이라기보다는, 개인이 자신의 이익을 극대화하거나 손해를 피하기 위한 최소한의 장치 혹은 방패로 기능하는 경향이 강해진 것입니다. 이러한 상태는 일종의 의식하지 못하는 아노미(Anomie) 상태라고 볼 수 있습니다. 어쩌면 콜버그의 도덕성 발달 이론의 2단계(도구적 상대주의, 개인적 이기주의)로 퇴행했다고도 볼 수도 있습니다. 이러한 아노미를 극복하지 못하면 공동체는 붕괴되고 각자도생(各自圖生)의 2단계로 떨어질 수 있는 것입니다.

한국 사람의 정신적 뿌리를 생각해 볼 때, 이러한 상황을 극복하는 것은 '건강한 Weness'와 '합리적 개인주의(Rational Individualism)'의 결합을 통해서만 가능합니다. 이는 Selfish Individualism을 Rational Individualism으로, 전통적 Weness를 건강한 Weness로 바꿔야 함을 의미합니다. 이렇게 되어야 콜버그 도덕성 발달 이론에서 5단계로 성숙될 수 있습니다.

건강한 Weness는 서양의 개인주의를 기반으로 한 공동체성(Community, Solidarity, Cohesion 등)과는 다른 문화적 뿌리를 바탕으로 하는 용어이지만, 그렇다고 전통적인 집단주의나 전체주의와는 명확히 구분되어야 합니다. 이는 개인의 존엄과 자율성을 존중하면서도, 공동체의 상호 의존적 유대와 정서적 연결성을 통해 함께 성장하고, 더 큰 인류 공동체에 기여하는 개방적이고 포용적인 '우리됨'을 의미합니다.*

건강한 Weness가 지향해야 할 가치는 다음과 같습니다.

- 개방성과 포용성: 우리 안의 유대감을 넘어서 다양한 외부 집단과 개인을 포용하고 존중하는 자세를 포함해야 합니다. 우리의 범위가 끊임없이 확장될 수 있음을 인식하는 것입니다.
- 보편적 가치 지향: 공동체의 이익이나 감정만을 우선시하는 것을 넘어, 인류 보편적인 정의, 인권, 평등 등의 가치를 존중하고 실천하는 Weness여야 합니다. 이는 콜버그의 5단계(사회 계약과 합법성 지향)와 6단계(보편적 도덕 원리 지향)로의 발전을 의미합니다.
- 합리성과 비판적 사고: 맹목적인 '우리가 남이가.'와 같은 우리 편 감정에 휩쓸리지 않고, 공동체의 결정이나 행동이 합리적이고 윤리적인지 비판적으로 성찰할 수 있는 능력이 동반되어야 합니다.
- 개인의 자율성 존중: 우리라는 이름으로 개인의 희생이나 획일적인 사고를 강요하는 것이 아니라, 개개인의 다양성과 자율성을 존중하면서도 함께 시너지를 낼 수 있는 Weness여야 합니다.

이러한 건강한 Weness는 세계시민 교육의 핵심 기반이 됩니다. 세계시민 교육이 강조되는 현시대의 흐름은 건강한 Weness의 필요성을 더욱 강력하게 뒷받침합니다.

---

* Weness는 서양의 공동체성과 차별화하기 위해서 만든 조어입니다.

어떤 공동체성을 향해 나아갈 것인가?

우리는 지금 '저해된 발달(Deterred Development)'의 과도기에 있습니다. 전통적인 공동체성은 사라지고 그 빈자리를 이기적 개인주의와 법대로 의식이 메우면서, 우리 사회는 일종의 아노미 상태에 놓여 있습니다. 이는 콜버그의 도덕성 발달 3단계(전통적 Weness)에서 4단계(이기적 개인주의)의 부정적 측면이 강조된 채(어쩌면 2단계로 퇴행한 채) 5단계로의 성숙이 지연되는 현상입니다.

이러한 상황을 극복하기 위한 핵심 과제는 명확합니다. 이기적 개인주의를 타인의 권리와 사회적 책임을 존중하는 합리적 개인주의로 전환하고, 과거의 편협한 'Ourness*'를 포용적이고 개방적이며 보편적 가치를 지향하는 건강한 Weness로 발전시켜야 합니다.

궁극적으로 우리가 지향해야 할 공동체성은 콜버그의 5단계 '사회계약과 합법성 지향'에 기반을 둡니다. 이는 법과 질서의 중요성을 인정하되, 그것이 사회 구성원들의 합리적인 합의에 의해 만들어지며, 더 큰 공공의 복지를 위해 비판적으로 재검토되고 개선될 수 있음을 이해하는 단계입니다.

---

* 마르틴 부버의 '나-너(I-Thou)'관계에 기초해서 Weness는 이상적이고 건강한 우리됨으로, ourness는 '나-그것(I-It)'의 관계에 기초해서 편협하고 배타적이며 대상으로 수단으로 여기는 우리됨으로 생각할 수 있다. 여기서 our는 We의 소유격이다. 상대방을 소유로 본다는 생각과 O가 아닌 소문자 o를 써서 편협한, 협소한 등의 의미를 나타내고자 했습니다. 이렇게 Weness와 ourness를 구분한다면 굳이 건강한 Weness라고 표현할 필요는 없을 것입니다. ourness도 필자의 조어입니다.

건강한 Weness는 이러한 사회적 합의와 보편적 가치를 추구하며, 합리적 개인주의는 그 과정에서 개인의 자율적이고 비판적인 참여를 가능하게 합니다. 인성은 나만 잘되기 위한 도구가 아니라, 함께 살아가는 세상을 위한 태도입니다. 그 태도는 교육 과정에 담겨야 하고, 시민 교육을 통해 실천되어야 하며, 사회의 제도와 문화 속에서 지속적으로 강화되어야 합니다.

"당신은 어떤 사회에서 살고 싶으십니까?"라는 질문은 결국 "당신은 어떤 사람이 되고 싶으십니까?"와 연결되며, 그 '어떤 사람'이 모여 우리가 살고 싶은 사회를 만들어 갑니다. 우리는 다시 공동체를 복원해야 합니다. 작지만 따뜻한 관계부터, 다양성과 조화를 품은 넓은 사회까지. 그 안에서 인성은 다시 살아날 수 있으며, 우리는 비로소 더 나은 미래를 향해 나아갈 수 있을 것입니다.

29問

학교는 이제 덕체지(德體智)가 고루 성장하는 전인 교육의 장으로 탈바꿈되어야 하지 않을까?

학교는 단순한 학습의 공간이 아닙니다. 학교는 지식(知)만이 아니라, 몸(體)과 마음(德)까지 함께 성장해야 하는 공간입니다.

그리고 그것은 단순한 교과 수업으로 이루어지는 것이 아니라, 학교 전체의 교육 과정, 생활 문화, 수련 활동, 또래 관계, 가정과의 연계 등을 통해 이루어져야 합니다. 인성교육도 이 틀 속에서 완성될 수 있습니다.

▌전인 교육은 학교의 구조에서부터 시작된다

우리가 말하는 전인 교육은 단지 여러 과목을 가르친다는 의미가 아닙니다. 아이들이 생각하고(지), 몸으로 경험하며(체), 올바르게 살아가는 길을 배우는 것(덕)이 함께 이루어지는 것. 그것이 전인 교육이며, 학교는 그런 교육이 가능하도록 구조 자체가 설계되어야 합니다.

- 교육 과정은 지식 중심에서 역량 중심, 인성 중심으로 구성되어야 합니다.
- 수련 활동과 체험 활동은 단지 외부 행사로 그치는 것이 아니라, 감정 조절과 관계 훈련, 도전과 성찰의 기회로 활용되어야 합니다.
- 생활 문화는 통제 중심이 아니라, 학생의 자율적 규칙 형성과 참여를 기반으로 재구성되어야 합니다.

또래 관계는 인성의 거울이자 실험실이다

우리는 종종 인성을 가정과 학교 수업에서 배우는 것으로 생각합니다. 하지만 아이들은 또래 집단 안에서 가장 활발하게 인성을 배우고 실천합니다.

교실, 복도, 운동장, 쉬는 시간, 동아리 활동 등 일상적 공간에서 아이들은 감정을 조절하고, 갈등을 겪고, 화해를 시도하며, 협력의 경험을 쌓아갑니다.

특히, 또래 관계는 인성의 학교 밖 학교입니다. 여기서 배우는 갈등, 경쟁, 연대의 감각은 교실에서는 절대 배울 수 없는, 가장 중요한 인성 훈련입니다.

- 갈등은 피하는 것이 아니라, 인성을 길러주는 재료입니다.
- 경쟁은 서열이 아니라, 성장과 존중의 기회가 될 수 있습니다.
- 연대는 가르치는 것이 아니라, 함께하는 경험 속에서 스며듭니다.

전인 교육은 협력적 공동체 안에서만 실현된다

학교는 더 이상 혼자서 모든 걸 해낼 수 없습니다.
교사, 학부모, 학생이 모두 공동의 교육 주체로서 협력하는 구조, 즉 강력한 Co-Parenting(공동 양육적 관계)이 필요합니다.

교사는 학생의 삶을 함께 돌보는 전문성의 주체로서, 학부모는 학교를 신뢰하고 자녀의 인성교육을 함께 실천하는 파트너로서, 학생은 단순한 수동적 수혜자가 아니라, 학교문화의 창조자로서 역할을 해야 합니다. 이때 학교는 지시와 통제의 공간이 아니라, 신뢰와 참여, 실천의 공동체로 거듭나야 합니다.

인성은 체험과 관계가 없으면 자라기 어렵다

우리는 인성을 가르친다고 하면서도, 아이들에게 갈등의 기회, 실패의 경험, 회복의 과정을 제공하지 않습니다. 스마트폰과 비대면 문화, 지나친 성적 중심의 교육, 위계적 관계 구조 속에서 아이들은 감정도 관계도, 심지어 자신에 대한 이해조차 배울 기회를 빼앗기고 있습니다.

전인 교육은 지식이 아니라 사람됨을 위한 훈련입니다. 그 훈련은 아이들이 스스로 규칙을 만들고, 문제를 조율하며, 책임을 지는 경험을 통해 이뤄져야 합니다.

정리하면,

학교는 사람됨을 가꾸는 공동체여야 합니다. 좋은 학교는 좋은 성적보다 좋은 사람을 길러내야 합니다. 그리고 그 핵심은 교과서 속의 인성교육, 교과서 밖의 인성교육, 즉 생활, 또래, 수련, 공동체 문화 전반에 걸친 학교의 재구성에 달려 있습니다.

- 덕(德): 감정 조절, 갈등 해결, 공감과 배려의 태도
- 체(體): 체험과 실천, 몸을 통한 성장의 교육
- 지(知): 지식과 판단을 넘어서, 삶을 고민하는 통찰

이 세 가지가 어우러질 때, 학교는 비로소 사람다운 사람을 기르는 전인 교육의 장이 됩니다.

30問

지금 필요한 것은 국가 교육 과정 바탕의 인성 개발 로드맵이 아닐까?

오늘날 대한민국 교육 과정은 미래 사회를 살아갈 학생들에게 꼭 필요한 여섯 가지 핵심 역량을 제시합니다.

자기 관리 역량, 지식정보 처리 역량, 창의적 사고 역량, 심미적 감성 역량, 협력적 소통 역량, 공동체 역량. 이들은 모두 중요합니다. 하지만 간과되고 있는 사실이 하나 있습니다. 이 모든 역량의 바탕에 바로 인성이 존재한다는 점입니다.

핵심 역량은 단지 기능적 기술(Skill)이 아니라, 사람으로서의 성숙, 관계 속에서의 태도, 사회적 책임감 등 인성의 토대 위에서만 건강하게 자랄 수 있는 능력입니다. 즉, 인성은 기반 역량(Foundational Capability)이자, 범용 역량(General Capability)으로, 핵심 역량 전반을 지지하는 교육의 근간입니다.

그렇다면 중요한 질문이 제기됩니다.

인성은 어떻게 교육 과정 속에서 실질적으로 길러지는가?
핵심 역량을 포함한 인성 역량은 어떤 경로를 통해 발전하는가?
지금 우리는 개발 로드맵이 없는 역량 교육을 진행하고 있습니다.

▌핵심 역량 교육의 한계와 인성의 실종

2022 교육 과정은 핵심 역량을 강조합니다. 하지만 그 핵심 역량과 학교급별, 교과별 교육 과정과 구체적으로 어떻게 관련되는지, 어떻게 개발될 수 있는지 설명이 없습니다.

그렇게 중요한 것이라면 그 관계가 설명되고, 역량 개발의 방법론이 제시되어야 마땅합니다.

① 추상 개념과 실행 사이의 괴리: 핵심 역량은 선언되었지만, 학교 현장에서 어떻게 실현할지 구체적 모델이 부재합니다. 창의적 사고 역량을 키우라고 하지만, 어떤 수업 방식이 그것을 가능하게 하는지, 무엇을 평가해야 하는지는 제시되지 않았습니다.

② 교사 지원 부족과 자율성의 역설: 역량 교육은 교사의 창의성과 자율성을 요구하지만, 정작 이를 뒷받침할 연수, 자료, 협업 환경은 턱없이 부족합니다. 결과적으로, 인성교육은 일부 교사의 마음과 신념, 자발적 노력에만 의존하게 됩니다.

③ 평가의 벽: 역량은 과정이자 태도입니다. 하지만 평가는 여전히 지필 중심입니다. 정의적 특성이나 행동 변화는 측정되지 않기 때문에 무시되거나 왜곡됩니다.

④ 입시 중심 체제의 제약: 교육 과정은 역량을 외치지만, 입시는 여전히 지식과 점수 중심입니다. 평가되지 않는 역량은 교육되지 않으며, 인성은 시험이 아닌 스펙의 장식물로 전락합니다.

인성 개발을 위한 교육 과정 기반 로드맵이 필요하다

이제는 추상적 구호나 선언을 넘어, 인성 역량의 개발 경로(Developmental Roadmap)가 교육 과정 속에 명시되어야 합니다. 그 속에서 SEL 교육이 수용되어야 합니다. 로드맵은 다음과 같은 방향으로 설계될 수 있습니다:

① 단계별 성장 모델 개발: 초등·중등·고등에 이르는 생애 발달 단계에 따라, 인성 및 6대 핵심 역량의 통합적 성장 경로를 제시해야 합니다. 예를 들면, 자기 관리 → 자기 통제 → 자기 성찰 → 자기 주도 협력 → 소통 → 공동체 참여 등입니다.
② 교과 연계와 창의적 체험 활동의 연계성 확보: 인성은 도덕 시간만의 몫이 아닙니다. 모든 교과에서 인성과 핵심 역량이 통합되도록 성취 기준-수업 활동-평가의 연계 모델을 개발해야 합니다.
③ 교사를 위한 실천 가이드와 평가 루브릭 개발: 교사들은 인성교육

을 하고 싶어도 방법을 모릅니다. 구체적인 수업 설계 예시, 정의적 특성 평가 루브릭, 피드백 방식 등을 제공해야 합니다.
④ 과정 중심 평가 체계 확립: 서열이 아닌 성장의 기록이 가능하도록, 포트폴리오, 자기 성찰, 협력 활동 등 정성적·질적 평가 모델이 함께 작동해야 합니다.

정리하면,

인성은 교육의 부차적 산물이 아닙니다. 인성은 모든 핵심 역량의 토대이며, 삶의 모든 학습이 도달해야 할 최종 목적지입니다. 그럼에도 불구하고 우리는 아직 '인성은 중요하다.'라고만 말하고, '인성은 교육 과정에 통합되어 있다.'라는 선언에 안주하고 있습니다. 그러나 선언만으로는 어떤 인성을, 어떻게 기를 것인지에 대한 실제적 답을 줄 수 없습니다.

이제 선언을 넘어, 설계와 실행, 지도와 평가, 교사 지원과 시스템 구축이라는 구체적 인성 개발 로드맵이 필요한 시점입니다.

인성은 기를 수 있습니다. 다만, 그 길을 설계하지 않으면, 그 가능성은 방치되고, 책임은 교사 개인에게 전가될 뿐입니다.

이를 위해 교육부와 국가교육위원회, 그리고 한국교육과정평가원이 공동으로 전국의 사범대, 교대, 시도교육청, 교과별 교사공동체와 협력하여, 교과 수업과 창의적 체험 활동을 통한 인성교육 Best Practice를 발굴하고 확산하는 전국 단위 경진대회를 개최할 것을 제안합니다.

또한, 인성교육 역량이 뛰어난 교사 집단을 선발하여 이들을 한국교육과정평가원 및 시도교육과학연구원과 함께 협력하는 '교과 기반 인성교육 연구사(硏究師)'로 체계적으로 육성할 것도 함께 제안합니다.

이제 인성은 누구나 중요하다고 말하는 대상이 아니라, 누가 어떻게 키울지를 함께 책임지는 체계로 전환되어야 합니다. 그 시작은 구조적 뒷받침과 공동체적 실천입니다.

31問

유아의 인성 발달을 위해서는 누리과정도 바뀌어야 하지 않을까?

유치원은 가정을 떠나 생활하는 첫 번째 기관입니다. 0~2세 돌봄 기관도 있지만, 이때는 기관 돌봄보다는 가정 돌봄이 강하고, 연령이 낮아 구체적인 역량 개발로 이어지기는 어렵습니다. 그렇기 때문에 유치원에서의 삶이 유아의 인성 발달에 중요한 시기가 될 것입니다. 부모가 아닌 권위(權威)를 처음 만나게 되고, 나와 비슷한 또래를 처음으로 만나는 이 시기를 어떻게 보내느냐가 매우 중요한 것입니다. 그렇다면 우리의 누리과정은 과연 바람직할까요?

초등교육 교과 연계 중심의 누리과정, 인성의 본질을 놓치고 있다

현재 누리과정의 5개 영역(신체 운동/건강, 의사소통, 사회관계, 예술 경험, 자연 탐구)은 초등교육 과정의 교과목(체육, 국어/영어, 사회/도덕, 음악/미술, 과학)과 내용적으로 긴밀히 연계되어 있어, 초등교육으로의 전이(Transition)는 용이할 것으로 예상됩니다. 그러나 이는 유치원 교육의 특성과 아동의 인성 발달을 위한 본질적인 요구를 충분히 고려하지 못할 수 있습니다.

유치원 단계에서는 초등학교 교육과의 연계보다는(마지막 5세에서는 강조될 수 있습니다) 오히려 올바른 정체성 형성, 몸과 대화 습관, 감정 조절, 타인 존중과 올바른 관계 형성, 학습에 대한 긍정적 태도 형성 등이 더 중요할 수 있습니다. 이는 '내면에 머무르지 않고, 행동을 넘어, 관계로 나아가는 성숙의 개념'으로서의 인성 함양에 필수적인 요소들입니다. 교과 학습 연계에 집중하는 것은 아이들이 인품(人品)과 인력(人力)을 통해 사람답게 살아가기 위한 역량을 기르는 데 제한적인 시각을 제공할 수 있습니다.

▎호주 QKLG는 인성을 구조화된 관계 역량으로 정의한다

호주 퀸즐랜드주의 유치원 학습 가이드라인(QKLG: Queensland Kindergarten Learning Guideline)은 인성을 구성하는 핵심 요소들을 명확히 제시합니다.

① Identity(정체성) 영역은 자신의 소중함을 알고, 독립심과 자신감 있는 자아 정체성을 구축하는 등 인성의 내면적 성품(인품) 발달에 초

점을 맞춥니다.

② Connectedness(연결성) 영역에서는 긍정적인 관계 형성, 타인과의 상호작용, 권리와 책임 이해, 다양성 존중, 타 문화 이해 등 관계 속에서 인성이 실현되는 역량(인력)의 중요성을 강조합니다.

③ Wellbeing(웰빙) 영역은 자율성 발달, 자기 조절 능력 개발, 회복 탄력성 증진 등 인성의 실천적 역량 측면을 부각합니다. 이는 '인성은 관계 속에서 형성되고 실현되는 역량'이라는 관점을 강력하게 지지하며, 누리과정이 인성교육의 범위를 확장하는 데 참조할 만한 구체적인 방향성을 제시합니다.

QKLG는 인성을 관계 속에서 실현되는 행동 역량으로 접근하며, 사람됨을 사회적 책임과 감정 조절 능력의 총합으로 이해합니다. 우리의 누리과정도 이러한 다층적 접근을 참고하여, 인성을 삶의 역량으로 구조화할 필요가 있습니다.

교육 과정이 대강화된 만큼, 교사의 인성교육 역량이 더욱 중요하다

누리과정은 교육 과정이 대강화(Simplification)되어 있어 교과서가 없는 대신, 교사의 전문성(Professionalism)과 자율성(Autonomy)이 중시됩니다. 유치원에는 초등학교처럼 교과 전담 교사도 없습니다. 이는 교사가 단순히 지식을 전달하는 것을 넘어, 아이들의 인성을 길러내는 데 필요한 실천적 역량을 갖추어야 함을 의미합니다.

인성은 삶을 살아가는 방식이며 되려고 노력하는 것이므로, 교사는 일상적인 상황에서 아이들의 갈등을 탐색하고, 대화로 해결하며, 실수 후 회복을 돕는 등 인성 역량을 훈련하고 계발시키는 주체가 되어야 합니다.

계획된 교육 과정(Intended Curriculum)과 실제로 구현되는 교육 과정(Realized Curriculum) 간의 편차(Gap)가 발생할 수 있는 상황에서, 교사의 인성교육 역량은 교육의 질을 결정하는 핵심 요소입니다.

▌가정과의 공동 양육은 인성의 핵심 기반이다

아동의 인성은 관계 속에서 형성된다는 점을 고려할 때, 가정과의 상호작용은 인성교육에 있어 필수적인 부분입니다. 유치원과 가족 간의 '강력한 학교-가정 파트너십(Strong Family-School Partnership)'과 '신뢰할 수 있고 지지적인 관계(Trusting And Supportive Relationship)'가 필요합니다. 이는 '사실상의 공동 양육(De Facto Co-Guardianship 또는 Co-Parenting)'이라고 할 수 있습니다.

교사 1인당 원생 수의 감소, 학생 개인 전담 교사제(3~5세에 이르기까지 계속 담임), 보조 교사 확충 등의 정책은 이러한 긴밀한 관계 형성을 지원하며, 이는 아이들이 인품(人品)과 인력(人力)을 갖춘 인성을 체득하는 데 중요한 환경을 제공할 겁니다.

▍학부모 교육과 교원 양성·연수 체계의 재설계가 필요하다

이러한 맥락에서 아동의 인성을 체계적으로 길러내기 위해서는 학부모와 교사의 역할에 대한 재정립과 지원이 필수적입니다. 이는 인성은 타고나는 것이 아니라, 되려고 노력하며 함께 길러내는 후천적 능력이라는 철학을 교육 현장에서 실현하는 핵심적인 방안이 될 것입니다.

① 학부모 교육 강화: 교육청의 평생 교육 정책 핵심에 학부모 교육을 포함해야 하며, 부모가 된다는 것, 아이의 성장/발달, 학교와의 관계 맺음, 뇌 과학(뇌의 발달) 등 자녀의 인성 발달을 직접적으로 지원할 수 있는 내용으로 교육을 강화해야 합니다. 이는 가정이 아이들의 인성을 계발하는 중요한 관계적, 구조적 기반이 되도록 돕습니다.

② 교원 양성 및 연수 개편: 교원 양성 과정은 누리과정의 특성을 고려하여 실습 중심, 사례 중심, 역량 중심, 직무 중심으로 개편되어야 합니다. 또한 연수 역시 학습 공동체, 사례 연구, 발표회 등을 통해 교사가 인성교육 역량을 지속적으로 계발할 수 있도록 지원해야 합니다. 저(低)경력 교원의 책임은 줄이고 임상 연수를 늘려, 모든 교사가 인성을 훈련하고 실천하는 전문가로 성장할 수 있는 토대를 마련해야 합니다.

┃ 정리하면,

유아기는 인성 발달의 출발점입니다. 이 시기의 교육은 단지 초등학교를 준비하는 과정이 아니라, 사람답게 살아가는 능력을 내면화하는 최초의 사회적 훈련장입니다.

우리의 누리과정이 인성을 정체성(인품), 관계 역량(인력)으로 통합적으로 바라볼 수 있도록 교육 과정, 교사, 학부모, 정책의 총체적 재구성이 필요합니다.

32問

관계 훈련과 마음 단련 활동이 수련 활동의 중심이 되어야 한다고?

많은 사람들은 인성교육을 교실 안, 교과서 속, 수업 시간 안에서만 상상합니다. 하지만 아이들의 삶은 그보다 훨씬 넓고, 인성은 교실 밖에서 더 생생하게 자라납니다.

우리가 주목해야 할 공간이 있습니다. 바로 청소년 활동의 장입니다.

이곳은 시험이 없고, 정답이 없으며, 관계와 경험이 중심이 되는 인성의 살아 있는 무대입니다.

수련 활동, 이제는 관계 훈련과 마음 단련의 장이 되어야 한다

수련 활동이라고 하면 아직도 많은 사람들은 산으로 떠나는 캠프, 구보, 구호 외치기, 단체 구슬땀을 떠올립니다. 그러나 오늘날 우리 청소년들에게 더 절실한 것은 체력보다 감정, 경쟁보다 회복, 기술보다 관계입니다. 신체 단련은 학교 체육 시간을 통해서 이뤄지는 것이 정상입니다.

지금의 수련 활동은 몸을 훈련하는 것에서 마음을 단련하고 관계를 배우는 장으로 전환되어야 합니다. 수련은 단지 버티는 체험, 극기(克己) 훈련, 유격 훈련이 아니라, 감정을 다루는 법, 타인을 이해하는 법, 실패를 회복하는 법을 온몸으로 익히는 교육이어야 합니다. 말하자면 수련은 사람됨을 배우는 훈련입니다. 수련 활동을 통해 청소년은 다음을 배울 수 있어야 합니다.

- 감정을 표현하고 조절하는 법
- 화를 조절하고, 상대방을 존중하는 대화를 하는 방법
- 오해와 갈등 이후에도 관계를 회복하는 대화
- 실패와 거절 이후에 다시 설 수 있는 마음의 탄력성 등

이러한 경험은 단체 활동, 또래 협동, 실내외 모둠 과제 속에서 더욱 생생하게 일어날 수 있습니다.

교육부와 교육청이 약화시킨 학생 수련 활동

청소년 육성 정책의 핵심이었던 수련 활동이 교육부와 교육청의 정

책 변화로 인해 약화되고 있으며, 이로 인해 청소년 역량 개발의 실효성에 의문이 제기되고 있습니다.

□ **청소년 수련 활동의 위상 변화와 교육 당국의 소극적 역할**

청소년 육성은 1991년 청소년기본법이 제정되면서 학교 교육을 보완하는 교육 영역으로 확립되었고, 이때 청소년 수련 활동이 핵심이었습니다.

이때 청소년 육성이란 청소년들이 학교 교육에서 배양하는 지적 능력을 바탕으로 도덕적·정서적·감성적·신체적 능력을 함양하도록 하고, 이러한 능력 함양에 영향을 미치는 유익한 여건을 조성하거나 유해한 요인을 순화·제거함으로써 덕·체·지를 고루 갖춰 조화롭게 성장할 수 있도록 돕는 기능이었습니다.

1991년 수립된 청소년 수련 활동의 내용은 다음과 같습니다.

- 체력 단련, 응급 처치 등 건강 증진 및 관리를 위한 수련 활동
- 예술 감상, 독서 활동 등 정서 함양을 위한 수련 활동
- 야영, 해양 탐험 등 용기 배양을 위한 수련 활동
- 생활 예절 익히기, 전통 예절 문화 활동 등 예절 수양을 위한 수련 활동
- 사회봉사, 인간관계 개발 등 협동심 증진을 위한 수련 활동

- 역사 연극, 문화권 탐방 등 긍지 함양을 위한 수련 활동
- 복합 수련 활동

1994년 청소년 수련 거리 개발 기본 계획에서는 조금 변화됩니다.

- 자연 체험 활동: 자연 탐구, 탐사 활동, 자연 가꾸기 등
- 스포츠 활동: 구기, 격기, 수상스포츠 등
- 문화 활동: 음악, 미술, 문학, 연극 활동 등
- 봉사 활동: 불우이웃돕기, 지역 사회봉사 등
- 예절 활동: 전통 예절 활동, 생활 예절 활동 등
- 전통문화 활동: 민속놀이, 문화유적탐사 등
- 인간관계 수련 활동: 나를 찾아서, 소중한 우리 등
- 자아 계발 활동: 심성 계발, 가치관 정립, 진로 탐색 등
- 과학 활동: 과학 공장 활동 등
- 캠프 활동: 캠프 기초 활동, 야외 교육 활동 등

1998년 수립된 청소년 육성 5개년 계획도 역시 수련 활동이 중심입니다.

- 문화적 감성 함양 수련 활동
- 과학 능력과 정보 마인드 함양 수련 활동
- 봉사와 협력 정신 배양 수련 활동
- 모험심과 개척정신 함양 수련 활동

- 전문적 직업 능력 준비 수련 활동
- 국제감각 고양 수련 활동
- 환경 의식 함양을 위한 수련 활동(2003년부터)

그러나 교육부가 재량 활동과 창의적 체험 활동을 통해 수련 활동을 수용하자, 청소년 육성은 청소년 활동 진흥으로 바뀌었으며, 2004년 「청소년활동진흥법」이 제정되면서 수련 활동은 청소년 교류 활동, 청소년 문화 활동과 함께 세 가지 청소년 활동 중의 하나로 축소되었습니다.

청소년 부처에서 수립했던 청소년 수련 활동을 보면 지금 교육부가 하고 있는 창의적 체험 활동과 거의 유사함을 알 수 있습니다. 청소년 부처에서 담당하는 다양한 수련 활동을 교육부는 창의적 체험 활동이라는 이름으로 대부분 수용했다고 볼 수 있습니다.

즉, 청소년 수련 활동은 청소년 정책 부처에서 지식 교육 중심의 학교 교육을 보완하는 교육의 한 영역으로 시작하였으나, 교육부의 창의적 체험 활동이 청소년 수련 활동을 수용하자, 청소년 부처의 청소년 수련 활동의 정의가 '청소년 시기에 필요한 기량과 품성을 함양하는 교육적 활동'으로 바뀌게 됩니다. 이때 두 부처의 정책 협력이 시작되었으면 좋았을 텐데 하는 아쉬움이 큽니다. 각자의 영역을 지키기에만 집중한 것 같습니다.

□ 현행 교육 과정에서 수련 활동의 명시적 부재와 의미 약화

「2022 교육 과정」 이전에는 수련 활동이 창의적 체험 활동의 자율 활동 중 한 유형으로 포함되어 있었고, 현장 체험 중 숙박형 현장 체험 학습에 수련 활동이 포함되어 있었습니다. 이때 수련 활동은 교육 과정과 연계하여 청소년 시기에 필요한 공동체 의식, 협동심을 함양하는 단체 활동으로 규정되었습니다.

그러나 「2022 교육 과정」에서는 이러한 명시적인 내용이 사라졌습니다. 창의적 체험 활동은 자율·자치 활동, 동아리 활동, 진로 활동 세 가지로 줄었으며, 이 활동들에 수련 활동이 포함되어 있지 않습니다. 이러한 변화는 수련 활동이 학교 교육 과정 내에서 차지하는 비중과 명확성을 약화시켜, 실질적인 청소년 역량 개발을 지원하는 활동이 되는지에 대한 의문을 불러일으킵니다.

청소년 시기에 필요한 기량과 품성을 함양하는 교육적 활동인 청소년 수련 활동의 핵심 역량으로 지금 청소년 정책을 담당하는 여성가족부는 자아, 갈등 조절, 문제 해결, 성취 동기, 대인 관계, 리더십, 신체 건강, 시민성 역량 등을 말하고 있습니다.

하지만 교육부와 교육청은 이러한 법적 근거에 기반을 둔 수련 활동을 학교 교육 과정에서 제대로 수행하고 있는지가 분명하지 않습니다. 때에 따라서는 청소년 수련 활동이며, 때에 따라선 교육청의 학생 수련 활동으로 바뀝니다. 교육부와 교육청은 청소년의 전인적 성장을 위한 수련 활동의 중요성을 재인식하고, 학교 교육 과정과 명확히 연계될 수 있는 방안을 모색해야 할 것입니다. 교육청 엄청난 재원을 투입해, 수련 시설을 확충하기보다는 주변의 청소년 시설을 우선 활용하는 방향으로 바뀌어야 합니다.

정리하면,

수련은 감정을 다루고, 관계를 회복하고, 공동체를 회복하는 인성 교육의 마지막 보루입니다. 현재는 교육부와 교육청의 방관 속에서 그 본질이 퇴색되고 있지만, 다시금 수련을 교육 과정 중심의 교육 활동으로 복원해야 할 것입니다.

청소년 부처에서 가져온 수련 활동의 활성화를 위해서는 교육정책이 청소년 정책과 강한 연계를 해야 할 것입니다. 교육 과정 기반의 수련 활동이 필요할 것입니다. 청소년의 역량 개발과 교육 과정에서 밝히고 있는 역량 개발을 위한 필수 활동이 되어야 할 것입니다.

교육부의 「2022 교육 과정」의 보완이 필요하고, 청소년 부처, 청소년 수련 시설과의 강한 협력·연계가 요구됩니다.

33問

학교의 자율성 존중이란 무슨 의미?

핸드폰 관련 학칙에 대한 국가인권위원회의 판단 변경의 본질적 의미

"학교는 교육의 장일 뿐만 아니라, 하나의 작은 사회다."

이 말은 단순한 수사가 아닙니다. 학교는 축소된 사회이며, 그 안에는 규칙이 존재하고, 관계가 형성되며, 공동체가 유지됩니다.

학생은 그 공동체의 일원으로 책임을 배우고, 교사는 그 질서를 설계하고 이끄는 지도자입니다.

그러나 오늘날 우리는 학교를 점점 공공 서비스 기관처럼 여기고, 사회의 모든 문제를 법과 제도로 밀어 넣는 방식으로 학교를 압박하고 있습니다.

그 결과, 학교는 자생적인 질서를 형성할 기회조차 박탈당하고 있으며, 교육은 점점 더 법적 절차의 하위 시스템으로 전락하고 있습니다.

▍학칙은 무력화되고, 법이 모든 것을 대체하는 사회

최근 '휴대전화 수거'를 둘러싼 논란은 학교의 자율성이라는 관점에서 시사하는 바가 큽니다. 학생의 통신 자유, 사생활 보호, 표현의 자유 등 헌법상 기본권이 인권 논리로 확대되면서, 학교의 자율적 학칙조차 인권 침해라는 프레임에 갇히는 상황이 빈번해졌습니다.

과거 국가인권위원회는 학칙으로는 학생의 권리를 제한할 수 없다는 입장을 취했지만, 2024년 이후에는 공동체의 학습 환경 보호와 교육적 목적의 정당성을 이유로 일정한 제한을 인정하는 쪽으로 방향을 선회했습니다.

이 변화는 단지 국가인권위원회의 입장 변경 정도로 볼 것이 아니라, 보다 근본적으로는 학교를 자율 공동체로 볼 것인가, 준(準)행정기관으로 볼 것인가에 대한 물음으로 봐야 합니다.

▍학교는 교육 공동체인가, 행정 기관인가?

핵심은 학교의 법적·철학적 지위입니다. 만약 학교를 공적 권력이 작동하는 행정 기관으로 본다면, 교사의 지도나 학칙의 집행은 모두 헌법 제37조 제2항의 법률 유보 원칙에 따라 법률의 명시적 근거가 있어야만 허용됩니다.

반면, 학교를 자율적인 교육 공동체로 본다면, 민주적 절차를 거쳐 구성원이 합의한 학칙은 내부 규범으로서 독자적인 정당성을 가집니다. 이 경우, 과잉 금지 원칙을 위반하지 않는 한, 학교 안의 문제는 학교 스스로 해결할 수 있어야 하며, 이는 교육 공동체의 건강한 자생성을 회복하는 길이기도 합니다. 일부에서 교육청과 교육감 중심의 지방교육자치가 아니라 학교 단위의 자치를 주장하는 본질도 여기에 있습니다.

법은 보완이어야 하지, 개입이 되어선 안 된다

문제는 지금 우리 교육이 모든 문제를 입법으로 해결하려는 충동에 빠져 있다는 점입니다.

- 교권보호법
- 학교폭력예방법
- 학생인권조례
- 디지털 기기 사용제한법안 등

법과 제도가 늘어날수록 교육의 자율성은 줄어들고, 갈등은 제도화되고, 문제 해결은 소송화됩니다. 법은 공동체의 자율적 질서를 보완하는 장치이지, 그 자체로 교육의 방향을 결정하는 도구가 되어서는 안 됩니다.

학교는 법 이전의 질서를 실험하고 배우는 공간입니다. 학생이 사회로 나가기 전에 규칙을 만들고, 따르고, 때로는 바꾸는 경험을 할 수 있어야 합니다. 이러한 경험 없이 모든 질서를 외부로부터 주입(注入)되는 구조에서는, 학생은 권리의 사용자는 될 수 있어도, 책임 있는 시민으로 성장할 기회를 잃게 됩니다.

▌공동체의 합의를 우선하자 - 반인륜적이지 않다면

물론 어떤 학칙도 차별적이거나 반인륜적인 내용을 담아서는 안 됩니다.

하지만 그러한 극단적 사례를 제외한다면, 학교 내부 문제는 공동체의 합리적 합의와 민주적 절차로 해결되어야 합니다. 학교는 갈등이 없는 공간이 아니라, 갈등을 교육적으로 해결하는 훈련의 장입니다. 지금처럼 모든 갈등을 법률로 규정하고, 모든 해법을 행정으로 위탁하면, 학교는 결국 교육의 주체성을 잃고 법적 절차의 수동적 대상이 되고 맙니다.

▌자율을 회복해야 교육이 회복된다

학교는 미성년자를 교육하는 공간이며, 그만큼 지도와 훈육은 필연적입니다.

그러나 이 지도는 권위의 강제가 아니라, 합의에 기반을 둔 자율적 질서이어야 하며, 교사와 학생, 학부모가 함께 만든 공동체 규범 위에 서야 합니다.

진정한 자유는 책임을 전제로 한 자율이며, 진정한 학교는 그 자율을 학습하고 실천하는 사회의 축소판입니다. 학교는 작은 사회입니다.
그 안에서 스스로 질서를 만들고 유지하는 경험을 보장받을 수 있어야, 학생도, 교사도, 교육 공동체도 건강하게 성장할 수 있습니다. 그렇지 않으면, 우리는 또 다른 법과 또 다른 분쟁만을 양산하게 될 것입니다.

34問

교사의 생활 지도권이 존중되어야 학교생활 문화가 회복된다고?

학교는 단지 지식을 전달하는 공간이 아닙니다. 그곳은 아이들이 하루 중 가장 많은 시간을 보내며 공동체 속에서 살아가는 법을 익히는 작은 사회입니다. 그러나 지금 학교는 그 기능을 수행하기 어려운 상태에 놓여 있습니다. 학생들의 언어는 거칠어지고, 행동은 통제되지 않으며, 타인에 대한 존중과 공감은 점점 사라지고 있습니다. 우리는 이 현상이 단지 개인의 문제를 넘어, 학교생활 문화가 무너진 구조적 결과임을 직시해야 합니다.

중요한 교사의 생활 지도권, 왜 위축되었는가?

생활 문화가 유지되기 위해 가장 중요한 전제는 교사의 생활 지도권이 온전히 작동하는 환경입니다. 하지만 지금 학교에서는 생활 지도를 하려는 교사가 오히려 가해자로 지목되고, 지도를 받아야 하는 학생은 인권을 방패 삼아 모든 지적을 거부합니다.

아이에게 반말 사용이나 무례한 태도를 지적하면 권위적이라고 비난받고, 복도나 교실에서의 부적절한 행동을 제지하면 학부모 항의를 받습니다.

교사의 말 한마디는 곧장 민원이나 교권 침해로 이어집니다.

이런 구조에서는 학생은 지도를 받을 필요가 없는 존재가 되고, 교사는 학생 눈치나 보는 존재로 전락합니다. 생활 지도의 권한이 사라진 학교에서 생활 문화는 유지될 수 없습니다.

▎생활 문화의 붕괴는 학생의 문제만이 아니다

학생들이 존댓말을 쓰지 않고, 타인의 신체를 함부로 접촉하며, 사과나 감사의 표현을 하지 않는 풍경은 이제 낯설지 않습니다. 하지만 이 모든 것이 단지 학생 개인의 문제가 아니라, 가정·사회·미디어가 방기(放棄)한 결과입니다. 그 피해를 학교가 고스란히 떠안고 있고, 그 위에 교사의 지도권까지 무너졌습니다.

교실과 복도의 구분은 무의미해졌고, 소음, 난동, 무질서가 일상이 되었으며, 지적과 훈육(訓育)이 없는 교실은 교사, 학생 모두가 통제할 수 없는 공간이 되고 있습니다.

▎문제는 아이가 아니라 구조이다

학생들의 반사회적 행동이나 감정 폭발은 가정 문제, 또래 관계, 학습 실패, 심리적 스트레스 등 복합적 원인이 얽혀 있습니다. 그러나 지금의 학교는 그 원인을 진단하지도, 회복할 장치를 갖추지도 못한 채 사건 처리에만 급급합니다.

상담은 형식적이고, Wee센터는 인력과 예산이 부족하며, 회복적 생활 교육은 여전히 미흡합니다.

무엇보다 교사는 더 이상 지도할 권리도, 책임질 여지도 갖지 못합니다.
법과 절차가 강조될수록 교사는 "그건 행정에서 하세요.", "그건 상담사가 할 일입니다."라는 말로 물러나게 됩니다.

▎생활 문화 회복을 위한 다섯 가지 제언

① 생활 지도권의 제도적 보장과 문화적 존중: 학교는 학생 생활 지도에 있어 교사의 판단과 개입을 공식적 직무상 권한으로 인정해야

합니다. 교사의 지도 행위는 폭력이 아니라 교육이라는 사회적 인식 전환이 필요합니다.

② 상담과 복지 시스템의 강화와 연계: Wee System을 내실화하고, 청소년 상담사, 사회 복지사와의 유기적 협업 구조를 마련해야 합니다. 가정·학교·지역 사회가 연결된 회복적 생활 교육 생태계를 설계해야 합니다. 이 상담 시스템 내에서 아이들이 갖는 심연(深淵)의 문제를 해결해 주어야 합니다.

③ 마음 단련 중심의 수련 활동 확대: 수련 활동은 견디는 체험이 아니라, 감정의 언어화, 관계 회복, 자기 이해의 훈련이어야 합니다. 지역 청소년 시설과 협업해 수련 활동을 정규 교육 과정의 일부로 인정해야 합니다.

④ 생활 문화와 연결된 방과 후 활동 활성화: 문화·예술·체육 프로그램을 통해 학생의 자율성과 공동체성을 함께 키워야 합니다. 학생이 교실 밖에서도 자신을 돌아보고 타인과 조화롭게 살아가는 법을 배울 수 있도록 해야 합니다. 방과 후 학교가 아니라 지역 사회의 문화·예술·체육 시설들이 학교와 연결되어야 합니다.

⑤ 학생의 권리와 교사의 권한이 균형을 이루는 교육 문화: 학생인권조례는 교사 존중 조항과 함께 운영되어야 하며, 교육 공동체 모두가 권리에는 책임이 따른다는 원칙을 함께 공유해야 합니다.

▌ 정리하면,

 생활 문화는 교육의 본질입니다. 그것은 지식보다 먼저, 평가보다 오래 남는 삶의 태도입니다. 생활 문화는 교사의 말 한마디, 눈빛 하나, 자세 하나에서 시작됩니다. 그리고 그 권위를 인정하지 않는 사회는 결국 지도할 수 없는 학교를 만듭니다.

 우리는 이제 되돌아봐야 합니다.
 "교사의 생활 지도는 누구를 위한 것인가?"
 "학생의 권리는 어디까지 보장되어야 하는가?"

 생활 문화가 살아야 학교가 산다는 가장 단순한 진리를, 다시 처음부터 회복해야 할 때입니다.

35問

무너진 마음과 관계를 다시 잇기 위해선
상담 지원 체제가 필요하다고?

오늘날 학교는 더 이상 단지 지식만을 전달하는 공간이 아닙니다. 학생의 정서적 불안, 관계의 단절, 학부모와 교사 간의 신뢰 부족, 그리고 공동체성의 붕괴까지, 학교는 이제 교육의 현장이자 동시에 사회적 위기의 최전선이 되어버렸습니다. 그러나 우리는 그 안에서 고통받고 있는 아이들의 목소리를 충분히 듣지 못하고 있습니다.

아이들 마음의 상처는 교우 관계, 성적의 부진, 부모의 과다한 기대 등 여러 이유로 발생합니다. 이러한 문제들이 해결되지 않으면 그들의 언어는 공격적이거나 침묵으로 변하고, 관계는 단절되며, 마음의 상처는 드러나지 않은 채 깊어져만 합니다.

그 이유는 명확합니다. 상담과 복지의 체계가 제대로 작동하지 않기 때문입니다. 학교에서 발생하는 문제 대부분은 지식의 문제가 아니라 마음의 문제, 관계의 문제, 사회적 역량의 문제입니다. 그러나 학교는 여전히 성적과 규율 중심으로 운영되고 있고, 학생의 내면은 교육의 우선순위에서 밀려나고 있습니다. 단순한 지적 훈육이나 일시적 제재로는 이 문제들을 해결할 수 없습니다. 학생 개개인의 정서와 관계의 회복을 위한 체계적인 상담 인프라가 절실합니다.

입체적 상담 체계의 필요성

이를 위해서는 학교 내부만이 아닌, 지역 사회 전체를 아우르는 상담 지원 체제의 재구성이 필요합니다.

□ 학교 내부의 주간 상담 체계 강화

학교 안에는 진로 상담, 심리 상담, 복지 상담 기능을 갖춘 주간 상담 체계가 필수적입니다. Wee Class의 활성화가 우선이며, 이를 중심으로 진로 교사, 학교 복지사, 상담 전문가가 연계된 협업 구조가 마련되어야 합니다.

이러한 기능은 단지 학교 내에 머물러서는 안 되며, Wee Center → Wee Class → Wee School로 확장되며, 동시에 지역 상담·심리·복지 네트워크와 유기적으로 연결되어야 합니다. 학교 복지사는 지역 복지 시스템과, 진로 교사는 교육청 산하 기관 및 지역 사회의 외부 전문가와 협업할 수 있는 구조를 갖춰야 합니다.

□ **도서관을 상담 거점으로**

도서관은 중립적이고 개방된 공간으로, 특히 주말 상담 기관으로 적합합니다. 학교라는 제도적 위계가 존재하는 공간에서 벗어난 공간이자 지역 사회가 접근 가능한 곳이기 때문에, 심리·진로·학습 상담의 거점으로 기능할 수 있습니다. 예를 들어, 진로 상담 시 해당 분야의 참고 도서 안내까지 연계하면 도서관 사서와의 협업을 통해 진로 탐색의 구체성을 높일 수도 있습니다.

또한 학습 고충 상담, 학습 방법 클리닉 역시 도서관이 가장 적합한 공간입니다. 은퇴한 원로 교사나 외부 전문가가 중심이 되어 공부에 어려움을 느끼는 학생들을 위한 개별 상담 프로그램을 운영하는 것도 큰 의미가 있을 겁니다. 아이들의 일탈의 상당 부분은 학습 방법을 몰라서일 수 있습니다.

□ **교육청 직속 기관의 전문 상담 특화**

교육청 산하의 직속 기관은 특정 분야에 특화된 전문 상담 기능을 갖춰야 합니다. 예를 들어, 과학교육원은 과학 진로 상담, 학생예술회관은 예술 분야 진로 상담 등을 할 수 있습니다. 진로 교사 자격이 만들어진 초기에 임용된 진로 교사들은 담당 교과를 기반으로 임용되었기에, 교과 전문성과 진로 지도를 결합한 역할을 충분히 수행할 수 있습니다. 이러한 교사의 역량은 직속 기관의 상담 프로그램과 결합할 때 최대한 발휘될 수 있을 겁니다.

아울러, Wee센터의 전문 상담사나 외부 심리 상담사(행동치료, 인지치료, 정신분석 등)가 수련 시설에서 개별 상담, 집단 상담, 치유 프로그램을 운영할 수 있도록 체계화하는 것도 중요합니다.

학생마다 상담의 접근방법이 다를 수 있다는 것도 고려해야 합니다. 어떤 경우엔 인지 상담이, 어떤 경우엔 정신치료가 우선될 수도 있습니다. 그러나 학교와 교육청은 이 모든 전문가를 채용할 수 없습니다. 그렇기 때문에 지역 사회의 다양한 전문가 집단들과 협업할 수 있어야 합니다.

□ **지역 사회와의 유기적 협력**

이 모든 상담 체계는 지역 사회와의 협력 없이 작동할 수 없습니다. 대학, 시사체, 의료 기관, 민간 상담 전문가들이 함께 참여하여 학교–도서관–직속 기관을 중심으로 3중 구조의 입체적 상담망을 구성해야 합니다. 지금처럼 학교에 상담실 하나 덩그러니 두고 "이용자가 없다."라고 말해서는 곤란합니다. 상담은 학생이 찾아오게 하는 것이 아니라, 학교가 먼저 다가가야 하는 시스템으로 전환되어야 하는 것입니다.

▮ '마음을 돌보는 학교' 없이는, 교육의 회복도 없다

아이들의 문제와 고민을 해결해 주지 않은 채 교육의 활력은 기대할 수 없습니다. 오늘날 학생들은 단순히 지식을 배우기 이전에, 상처받은 마음을 회복하고, 관계를 맺는 법을 배우며, 좌절과 실패 속에서 다시 일어나는 힘을 길러야 합니다.

그런데도 우리는 여전히 성적과 출결에만 집중하고 있습니다. 상담 지원 체계의 부재는 곧 마음의 방치이며, 이는 결국 교육 실패로 이어집니다. 상담은 특수한 상황에서만 필요한 것이 아닙니다. 그것은 모든 학생에게 열려 있어야 할 기본적인 교육 복지의 출발점입니다.
학교는 마음의 쉼터가 되어야 하고, 도서관은 삶의 방향을 성찰하는 공간이 되어야 하며, 지역 사회는 교육의 우군(友軍)이 되어야 합니다.

지금 우리가 해야 할 일은 분명합니다. 학생의 마음에 다가가는 것. 그들의 목소리에 귀 기울이는 것. 그들의 삶을 관심 갖고 지켜봐 주는 것. 그리고 그들의 고립을 공동체로 다시 잇는 것입니다.

상담은 교육의 주변이 아니라, 교육의 중심이 되어야 합니다. 이제, 학교가 다시 사람을 기르는 곳이 되기 위해, 상담이라는 잊힌 마법(魔法)을 다시 꺼내 조용한 교육 혁명을 시작해야 할 때입니다.

36問

인성을 지도해야 할 교사도 인성교육을 받아야 한다고?

오늘날 교사에게 가장 중요한 역량은 무엇일까요? 수업 설계 능력, 학습 평가 기술, 진로 상담 역량, 행정 능력 모두 필요합니다. 하지만 그보다 더 본질적이고 시급한 것은 '사람을 이해하고 관계를 회복하는 능력', 곧 인성 지도 역량입니다. 지금 교사는 단지 지식을 전달하는 존재가 아니라, 정서의 조율자이자 관계의 안내자가 되어야 합니다. 하지만, 교사도 인성교육이 필요해지고 있습니다.

▎교사도 인성교육의 대상이다

많은 사람들이 인성교육을 학생에게만 적용되는 과제로 여깁니다. 그러나 교사 역시 인성교육의 주체이자 동시에 수혜자가 되어야 합니다.

오늘의 젊은 교사 세대는

- 성적 중심의 교육 시스템을 그대로 통과해 왔고
- 핵가족 안에서 자라고
- 경쟁 위주의 입시와 학벌 사회 속에서 인간관계의 깊은 훈련 없이 성장한 경우가 많습니다.

이로 인해 관계 형성 능력과 갈등 해결 능력이 충분히 발달하지 못한 경우도 있으며, 문제가 발생했을 때 정서적 고통을 혼자 감당하거나, 휴직, 사직, 극단적 선택에까지 이르는 사례도 드물지 않습니다.

따라서 교사도 사람됨을 다듬고 관계를 회복할 수 있는 인성교육의 기회를 가져야 합니다. 이것은 단지 학생을 잘 지도하기 위한 수단이 아니라, 교사 자신이 건강하게 지속 가능한 교육을 해나가기 위한 기반입니다.

학생에게 수련 활동을 통한 마음 단련 공부가 필요하듯이, 교사에게도 이런 유사한 지원이 필요한 것입니다.

교사의 인성 지도 역량은 훈련될 수 있다

많은 교사들은 이렇게 말합니다.

"나는 그런 걸 배운 적이 없어요."

"감정 지도는 상담 선생님 영역 아닌가요?"

"아이들이 너무 예민해서 어떻게 해야 할지 모르겠어요."

이 말들은 현실입니다. 지금의 교사 양성 과정은 교과 지식과 수업 기술 중심으로 구성되어 있으며, 정서 지도, 갈등 중재, 관계 훈련과 같은 인성 지도 역량은 부차적이거나 아예 생략되어 있습니다.

하지만 인성 지도는 타고나는 능력이 아니라 훈련 가능한 역량입니다.
이러한 역량은 교사도 학습하고 훈련받아야 할 영역입니다.

- 감정을 읽고 반영하는 능력
- 갈등 상황에서 회복적 대화를 이끄는 기술
- 스스로 감정을 조절하고 성찰할 수 있는 태도

교사 양성과 연수, 모두 바뀌어야 한다

인성 지도 역량은 단지 교사 개인의 성품에 맡길 문제가 아닙니다.
제도적으로 교사에게 필요한 인성교육 역량을 구조화하고 지원해야 합니다.

☐ **교사 양성 과정 개편**

- 교대와 사범대는 교과 중심, 내용학 중심 커리큘럼을 넘어 감정 교육, 관계 훈련, 회복적 생활 교육 등의 실습 기반 과정을 필수로 포함해야 합니다.
- 예비 교사가 실제 생활 지도의 장면을 마주하고, 감정적 갈등을 다루는 시뮬레이션을 통해 훈련받을 수 있어야 합니다.
- 교생 실습 과정에서도 이러한 훈련이 포함되어야 합니다.

☐ **현직 교사를 위한 연수 강화**

- 교육청은 인성 지도 역량을 중심으로 한 연수 과정을 체계화해야 하며, 단순 강의식이 아닌 워크숍, 사례 연구, 감정 코칭 프로그램 등 체험 기반 연수를 확장해야 합니다.
- 특히, 젊은 교사들의 정서적 회복과 관계 기술 강화를 위한 심리적 지원 시스템과 멘토링 프로그램이 병행되어야 합니다.

교사의 인성은 교실의 공기를 바꾼다

한 명의 교사는 한 명의 아이를 바꿀 수 있습니다. 하지만 여러 교사의 인성은 학교 전체의 문화를 바꿉니다.

- 서로를 존중하는 교사 간 문화
- 감정을 숨기지 않아도 되는 회의 문화
- 실패를 학습의 기회로 보는 리더십

이런 문화를 경험한 학생은 공감과 존중, 책임과 신뢰를 자연스럽게 배우게 됩니다.

존재 그 자체가 교육인 교사

인성은 지식이 아니라 존재의 방식으로 전해집니다. 아이들은 교사의 말보다 표정, 눈빛, 말투, 실수에 대처하는 태도를 통해 인성을 배웁니다.

- 약속을 지키는 모습
- 불쾌한 상황에서도 품위를 잃지 않는 자세
- 실수를 인정하고 사과하는 용기

이들이 바로 가르치지 않아도 가르치는 인성교육의 핵심 메시지입니다.

정리하면,

오늘날 교사는 더 이상 지식의 전달자로 멈춰서는 안 됩니다. 정서의 조율자, 관계의 중재자, 존재로 가르치는 사람이 되어야 합니다.

학생을 위한 인성 지도 역량뿐 아니라, 교사 자신을 위한 인성 회복과 자기 돌봄 역량도 함께 길러야 합니다. 학생에게 상담이 필요하듯이, 교사에게 상담이 필요합니다. 학생에게 수련 활동이 중요하듯이, 교사에게도 마음 수련이 중요합니다.

이제 교사 양성 과정과 연수 체계는 그 패러다임을 바꿔야 합니다.
인성은 가르치는 일이자, 험난한 세상을 살아내는 일입니다.
인성을 품은 교사 한 명이, 교실의 문화를 바꾸고, 학생의 인생을 바꾸고, 교육의 신뢰를 회복합니다.

37問

자녀를 양육하는 학부모도 인성교육이 필요하다고?

많은 사람이 이렇게 묻습니다.
"요즘 아이들이 왜 이럴까?"

그러나 그보다 먼저 물어야 할 질문은 "요즘 어른들은 어떤 모습으로 살아가고 있는가?"입니다.

아이의 인성은 부모의 말보다 부모의 삶의 태도에서 형성됩니다. 자녀는 부모가 하는 말을 기억하는 것이 아니라, 부모가 어떻게 살았는지를 복사합니다. 부모의 대화 습관, 감정 표현 방식, 갈등을 대하는 태도, 타인에 대한 말투가 곧 아이의 성격, 관계 방식, 인성의 밑바탕이 됩니다.

▎지금의 학부모 세대는 인성 지도에 취약한 구조에서 성장했다

지금 30~40대 학부모는

- 입시 중심의 교육 체제 속에서 자란 경쟁 세대이며
- 핵가족과 아파트 중심의 개별화된 성장 환경 속에서 자라났고
- 부모란 무엇인가, 자녀를 어떻게 기를 것인가에 대한 준비 없이 부모가 된 경우가 많습니다.

이들은 종종 자녀를 사랑한다고 생각하지만,

- 갈등 상황에서 감정을 조절하거나
- 아이의 언행을 지혜롭게 지도하며
- 관계를 회복하는 훈련된 방식을 알지 못합니다.

결과적으로,

- 아이를 통제하거나 방임하거나
- 학교와 대립하고
- 자녀 문제를 교육 기관의 책임으로 돌리는 모습으로 이어지기도 합니다.

이러한 모습은 부모 개인의 탓이 아니라, 사회적 교육과 제도적 준

비의 부재가 만든 구조적 한계입니다.

▌ 인성 지도는 교사만의 일이 아니다

가정은 인성교육의 시작이자 마무리입니다. 자녀의 인성은 학교보다 먼저, 그리고 마지막까지 가정에서 형성되고 유지됩니다. 그렇기에 학부모는 교사와 함께 인성을 공동으로 책임지는 존재, Co-Parenting(공동 양육)의 파트너입니다.

- 교사가 아이의 변화를 설명할 때 귀 기울이고
- 학교의 생활 지도와 규칙을 존중하며
- 내 아이만이 아니라 모든 아이를 품는 공동체 감각을 가질 때
- 비로소 학교와 가정은 인성교육의 연합 전선이 됩니다.

이러한 공동 양육의 기본 전제는 학교 교육에 대한 신뢰입니다.

▌ 학부모 자신도 인성교육이 필요하다

좋은 부모는 완벽한 사람이 아닙니다. 실수를 인정하고, 성찰하며, 다시 성장하려는 사람입니다. 부모도 인간입니다.

- 감정이 앞설 수 있고
- 아이에게 상처를 줄 수도 있으며
- 양육에 대한 혼란과 피로를 겪을 수 있습니다.

하지만 중요한 것은

- 실수를 인정하고 사과하는 용기
- 내 감정을 설명하고 회복하려는 태도
- 더 나은 관계를 위해 노력하는 자세입니다.

이러한 모습은 아이에게 "나도 실수할 수 있지만, 괜찮아. 중요한 건 그다음이야."라는 회복적 메시지를 심어줍니다.

학부모 교육은 선택이 아니라 필수이다

자녀 성장 단계 단계마다 필요한 부모의 배움이 있습니다. 오늘날의 부모에게는 인성교육 역량이 절실합니다. 하지만 이 역량은 자동으로 생기지 않습니다. 체계적인 학부모 교육을 통한 학습이 필요합니다.

- 유아기(유치원)부터 시작하여
- 초등학교 입학 시기
- 중학교 진입 시기

- 사춘기 돌입 시기 등 자녀의 성장 단계에 따라 반복적이고 정기적인 학부모 교육이 필요합니다.

이 교육은 단순한 정보 제공이 아니라

- 아동의 발달 특성 이해
- 감정 코칭
- 자율과 통제의 균형
- 교육 과정과 교과의 의미
- 창의적 체험 활동의 중요성
- 진로와 학교 선택의 중요성
- 인성 지도 사례 공유
- 학교와의 협력 방법 등을 포함한 실천적 인성 지도 교육이어야 합니다.

교육청은 학부모 교육을 평생 교육의 한 축으로 정립하고, 지역별 여건에 맞는 맞춤형 프로그램을 정례화해야 합니다.

성적 지상주의의 대물림은 멈춰야 한다

삐뚤어진 교육열이 자녀의 인성을 해칩니다. 지금의 학부모 세대는 성적이 인생을 결정짓던 시대를 살아온 세대입니다. 그러나 그 시대의 경험이 자녀에게 고스란히 대물림되어서는 안 됩니다.

- 수단과 방법을 가리지 않고 성적을 올리는 일
- 심야에 학교에 침투해 시험지를 빼돌리는 일
- 내 아이만 좋은 성적을 얻으면 된다는 교육관은 더 이상 사랑이라는 이름으로 포장될 수 없습니다.

그것은 비뚤어진 교육열이며, 형사 처벌의 대상이 될 수 있는 범죄 행위일 뿐입니다. 무엇보다 심각한 문제는, 이러한 행동을 통해 부모가 자녀에게 인성의 왜곡된 모델이 되고 있다는 점입니다.

- 타인을 속여도 목적만 달성하면 괜찮다.
- 규칙은 나를 위해서라면 무시해도 좋다.
- 경쟁은 상대를 짓밟는 것이라는 잘못된 가치관이 아이의 내면에 각인되고 있는 것입니다.

부모는 말로 인성을 가르칠 수 없습니다. 자신의 삶으로 보여주어야 합니다.
"성적 말고도 행복할 수 있다."라는 것을 먼저 부모가 증명해야 합니다.

아이들은 점수보다 삶을 통해 배웁니다. 아이의 인성을 왜곡시키는 주체가 부모 자신은 아닌지, 성적보다 중요한 삶의 의미를 제대로 보여주고 있는지, 이제 부모 스스로가 자문(自問)해 봐야 할 때입니다.

정리하면,

부모는 아이의 첫 번째 교사이자, 마지막까지 남는 삶의 모델입니다.

아이에게 가장 강력한 교육은

- 부모의 말투와 행동
- 갈등을 푸는 방식
- 관계를 맺는 태도에서 나타납니다.

이제는 학부모도 인성 지도 역량의 주체가 되어야 합니다. 그리고 학교의 교육 활동을 신뢰하고 협력하는 공동 양육자로서의 자세를 가질 때, 아이들의 인성은 가정과 학교에서 함께 자라날 수 있습니다. 좋은 성적이 아니라, 좋은 사람됨이 최고의 유산입니다.

그 유산을 남길 수 있는 부모, 그 역할을 함께 나누는 학교, 그 연결을 가능하게 하는 사회가 필요합니다.

38問

ADHD 학생과 특수학교 학생의 인성은 어떻게 해야 하나?

"왜 이렇게 산만해?"
"왜 말귀를 못 알아듣지?"
"저 애는 원래 그런가 봐."

이런 말들에는 한 아이가 겪는 발달상의 어려움에 대한 무지와 단정, 그리고 다름에 대한 배려 부족이 함께 녹아 있습니다.

ADHD, 자폐스펙트럼, 지적장애, 정서·행동장애 등. 특수 교육 대상 학생들이 겪는 일상의 고통은 장애 그 자체보다, 주변의 오해와 무관심, 그리고 낙인에서 비롯되는 경우가 많습니다.

인성은 평균적인 아이들만을 위한 것이 아니다

우리 사회의 인성교육은 여전히 정상적이고 평균적인 아이들을 전제로 설계되어 있습니다. 하지만 인성은 모든 아동과 청소년을 위한 것이어야 하며, 특히 발달적 어려움을 가진 학생들에게는 더 세심한 이해와 설계가 필요합니다.

감정 조절이 어렵고, 충동을 참기 힘들고, 타인의 표정과 의도를 파악하기 어려운 학생도 공감과 존중을 배우고, 자기 자신에 대한 긍정적 태도를 형성할 수 있어야 합니다. 그들에게 인성은 지도를 통해 길러지는 것이기도 하지만, 무엇보다 안전하고 지지적인 환경 속에서 서서히 자라나는 것입니다.

특수학생의 인성은 교육이 아니라 환경이 좌우한다

이 아이들에게 필요한 것은 먼저 존중받는 환경입니다. 그 환경은 다음 네 가지 요소가 조화롭게 작동할 때 비로소 갖춰집니다.

- 교사의 이해: 단순히 문제 행동으로 낙인찍기보다, 그 이면에 있는 정서와 필요를 읽어낼 수 있는 전문성과 감수성
- 친구들의 수용: 어설픈 모방이나 장난이 아닌, 진짜 다름을 이해하는 태도를 키울 수 있는 또래 문화

- 학부모의 신뢰: 자녀가 다르다는 사실을 받아들이고, 교사와 학교의 판단을 믿으며, 공동 양육자로서 함께 대처해 나가려는 자세
- 제도의 유연성: 천편일률적인 교과나 평가가 아니라, 개인의 특성과 속도에 맞춘 교육 과정과 지원 체계

이 네 가지가 함께 작동하지 않으면, 학생은 인성 이전에 존재 자체를 부정당하는 위기를 겪게 됩니다.

인성은 배려받는 데서 시작되고, 배려하는 데서 완성된다

예컨대 ADHD 학생이 수업 중 갑자기 교실을 뛰쳐나갔을 때, 우리는 그 아이를 교정하거나 통제의 대상으로 볼 것이 아니라, 그 순간 무엇을 감당하지 못하고 있는지를 읽어내는 감정의 문해력을 가져야 합니다.

그리고 그 행동을 수치의 장면이 아니라, 존엄을 회복하는 기회로 만들 수 있어야 합니다.

인성은 약자를 배려할 때 가장 강하게 드러나는 가치입니다.
그리고 다름을 인정할 때, 비로소 사람됨의 본질에 도달합니다.

▎학교와 지역 사회는 함께 이들의 인성을 키워나가야 한다

이러한 인성교육은 결코 학교 혼자만으로 감당할 수 없습니다. 특수학생의 성장과 회복을 위해서는 지역 사회 전체의 협력 체계가 작동해야 합니다.

- 보건소, 병원, 발달 센터와의 연계
- 지역 청소년 복지 기관, 상담 센터, 자조 모임 등과의 협업
- 지역 특수학교 또는 통합 교육 전문가들과의 네트워크

이러한 통합적 지원 시스템은 ADHD 학생, 특수학생의 인성을 서서히 회복시키는 공동체적 기반이 됩니다. 이러한 협력이 선진국의 척도일 것입니다. 학교에만 맡겨놓는 구조, 더 이상 지속될 수 없습니다.

▎강한 형태의 Co-Parenting, 신뢰가 바탕이다

무엇보다 중요한 것은 교사와 부모의 신뢰입니다.

- 의심과 방어가 아닌, 신뢰와 협력의 자세
- 지시가 아닌, 함께 계획하고, 함께 실천하는 파트너십
- 수시로 소통하고, 함께 문제를 해결해 나가려는 자세

이것이 바로 강한 형태의 공동 양육(Co-Parenting)입니다. 그리고 이것이야말로 특수학생의 인성을 지키는 가장 강력한 토대입니다.

모 웹툰(Webtoon) 작가와 특수학교 선생님의 문제도 이러한 신뢰가 없었기 때문입니다. 부모와 교사는 수시로 만나 대화를 해야 합니다.

▌정리하면,

ADHD와 특수 교육 대상 학생들의 인성은, 지시나 훈계가 아니라 이해와 기다림, 치료와 돌봄, 협력과 신뢰 속에서 자랍니다. 그들의 행동은 단지 다를 뿐, 결코 모자라거나 잘못된 것이 아닙니다.

진짜 인성교육은 누가 더 똑똑한가를 가르는 것이 아니라, 누구에게 더 따뜻한가를 묻는 일입니다. 사실 이는 인권(人權)의 문제이기도 합니다.

39問

학교 밖 청소년도 인성교육이 필요하지 않을까?

우리는 여전히 학교를 인성교육의 중심, 교육의 보편적 장치, 사람됨을 배우는 공간으로 전제합니다. 그러나 현실에서는 많은 청소년들이 그 학교에 머무르지 못한 채, 제도 밖으로 밀려나고 있습니다. 매년 수만 명의 청소년이 학업을 중단하거나 학교 밖 청소년이 되며, 이들을 위한 대안학교, 위탁 교육 기관, 비인가 대안 교육 기관, 청소년 지원 센터 등은 제도권의 경계선에서 외롭게 버티고 있습니다.

학교가 품지 못한 아이들인가, 사회가 이해하지 못한 구조인가?

학교 밖 청소년은 단순히 학교를 그만둔 학생이 아닙니다. 그들은 종종 다음과 같은 복합적 어려움으로 인해 제도와의 연결이 끊긴 상태에 놓입니다.

- 정서적 불안과 정신건강 문제
- 과도한 학업 스트레스와 시험 부담
- 경제적 곤란과 생계 불안
- 또래 관계에서의 소외와 갈등
- 가정 해체와 보호의 부재
- 유연하지 못한 학교 제도

 이들은 문제 있는 아이들이 아니라, 문제가 해결되지 않은 사회와 교육 구조의 희생자일 수 있습니다. 그들을 바라보는 우리들의 시선을 바꿔야 합니다. 교육부는 오랫동안 교육을 학교와 동일시해 왔습니다. 학교라는 제도 틀을 기준으로 삼고, 그 틀에서 벗어난 아이들을 교육의 대상에서 배제해 왔습니다. 모든 이를 위한 교육부가 아니라 학교 교육부입니다.
 이 문제는 시도에서 교육청과 시도청의 갈등이 큰 영역이기도 합니다. 교육청은 학교에 다니는 학생이 아니라 배척하고, 시도청은 이들도 교육의 대상이 아니냐고 주장합니다.

 그 자리에 대안학교가 생겨났습니다. 대안학교는 교육이 학교만으로는 충분하지 않음을 증명하는 공간이며, 공적 교육의 실패를 응시하게 하는 거울입니다. 현재의 공교육이 지나칠 정도로 폐쇄된 틀을 갖고 있다는 반증이기도 합니다.

그렇다면, 대안학교는 왜 필요한가?

대안학교는 단지 학교의 보충재나 대체물이 아닙니다. 그 자체로 존엄한 배움의 장이며, 사람됨을 회복할 수 있는 새로운 공동체입니다. 이곳에서는

- 시험이 성장을 재단하지 않고
- 관계가 배움의 시작이 되며
- 실패가 성숙의 과정으로 받아들여집니다.

인성은 바로 이런 공간에서 다시 숨을 쉽니다. 지워졌던 자존감이 회복되고, 자기 표현의 언어가 생겨나며, 타인의 감정을 이해할 수 있는 여유가 자리 잡습니다.

인성은 제도 안에서만 길러지지 않는다

우리는 인성교육을 너무 오랫동안 학교라는 틀 안에만 가두어 왔습니다.
그러나 사람됨은 틀 안에서 주입되는 것이 아니라, 관계 속에서 회복되고, 신뢰 속에서 자랍니다. 대안교육은 그 신뢰를 회복할 수 있는 구조입니다.
학교 밖 청소년은 교육의 실패가 아니라, 사회의 회복력이 시험받

는 지점입니다. 아이가 제도 밖에 있다고 해서 사람됨의 길에서 벗어난 것은 아닙니다. 진짜 교육은, 그 아이를 다시 사람답게 바라보는 것에서 시작됩니다. 교육부가 이들을 품을 수 있어야 합니다. 교육의 이름으로.

40問

저해된 발달(Deterred Development) 상태의 어른들도 인성교육이 필요하지 않을까?

미성숙한 성인(Adult-Child), 우리 사회가 직면한 인성의 사각지대

우리는 종종 "어른이 되면 달라지겠지."라고 말합니다.

그러나 현실은 다릅니다. 시간이 흐른다고 인성이 저절로 성숙하지는 않습니다. 누구나 생애의 각 단계마다 발달과업(Developmental Task)이 있습니다. 유아기에 자기 조절을 배우고, 청소년기에 자아 정체성을 탐색하며, 성인기에 타인과 협력하고 책임을 감내하며, 노년기에는 삶의 의미를 성찰하는 과제가 주어집니다. 그런데 이 과업들을 제때 경험하고 통과하지 못한 채, 다음 단계로 건너뛴 사람들이 늘어나고 있습니다.

▌인성은 저절로 자라지 않는다. 저해된 발달(Deterred Development)

발달 지연(Developmental Delay)이란 말이 있습니다. 특정 나이에 기대

되는 발달 이정표(Milestone)를 달성하지 못한 상태를 의미합니다. 아직 어린 영유아에게 주로 사용되며, 시간이 지나면서 따라잡을 수도 있는 일시적인 지연을 포함하는 포괄적인 개념입니다. 발달 지체(Developmental Disability)란 말도 있습니다. 발달 지연보다 더 지속적이고 심각한 상태를 의미합니다. 일반적으로 발달 지연이 지속되거나 특정 진단 기준을 충족할 때 발달 지체 또는 발달장애로 분류될 수 있습니다.

이러한 현상들을 모두 포괄할 수 있는 새로운 용어로 '저해된 발달(Deterred Development)'를 제안합니다. 발달이나 성숙이 어떤 이유로든 '정상 궤도에서 벗어났다.'라는 것을 포괄적으로 설명하는 용어입니다. 진전이 없거나 퇴행하는 것까지도, 그리고 다양한 형태의 발달상 어려움도 포함하는 용어입니다. 결과적으로 성숙한 사회적, 윤리적 역량을 온전히 갖추지 못한 상태를 의미합니다. 미성숙한 어른, 어른아이(Adult-Child)가 이 저해된 발달의 대표 특징이 아닐까 싶습니다.

미성숙한 어른, 어른아이가 만들어 내는 사회적 징후들

- 공감하지 못하는 상사
- 책임을 회피하는 직장인
- 감정을 통제하지 못하는 부모
- 의무를 다하지 못하는 시민
- 사소한 갈등에도 쉽게 무너지는 중년

이러한 미성숙한 어른들이 사회의 중추를 이루게 되면, 그들의 저해된 발달은 앞서 논의했듯이 이기적 개인주의의 확산, 아노미 심화, 사회적 신뢰 붕괴 등 개인의 문제를 넘어 사회 전체의 문제로 환원됩니다.

미성숙한 어른은 타인과의 공감 능력 부족, 책임감 회피, 갈등 해결 능력 미흡, 자기중심적 사고 등의 특징을 보입니다. 이러한 특성들은 건강한 Weness가 지향하는 개방성, 포용성, 보편적 가치 지향, 합리적 비판적 사고, 개인 자율성 존중 등과 거리가 납니다.

결과적으로 이들은 공동체에 긍정적으로 기여하기보다는, 공동체 내에서 갈등을 유발하거나 소외되는 경향을 보일 수 있습니다.

성인의 인성교육은 재교육이 아니라 재경험과 재관계이어야 한다

성숙하지 못한 어른에게 필요한 것은 단지 지식이 아닙니다. 그들은 성찰, 관계, 책임을 경험할 수 있는 새로운 재사회화의 장이 필요합니다.

- 갈등을 중재해 본 경험
- 공감하고 사과하는 관계 훈련
- 공동체 안에서 책임을 맡아보는 실천

이것이 곧 성인 인성교육의 본질입니다. 평생 교육이 해야 할 일입니다.

Deterred Development 상태 성인들을 위한 접근 방식

학교 교육에서 역량으로서의 인성 로드맵을 제시하는 것도 중요하지만, 이미 Deterred Development 상태에 있는 성인들, 특히 30~40대가 겪는 이기적 개인주의와 아노미 현상을 어떻게 다룰 것인가는 더욱 복잡하고 시급한 문제입니다. 이들은 사회의 중추를 이루는 세대이기 때문입니다.

성인들의 인성 발달을 재촉진하고 건강한 Weness와 합리적 개인주의를 결합하는 것은 결코 쉽지 않지만, 몇 가지 접근 방식을 생각해 볼 수 있습니다. 국가 차원에서 연구가 필요합니다.

□ **성인 대상 인성 및 사회성 역량 개발 프로그램**

성인을 위한 교육은 아동/청소년과 다른 방식으로 접근해야 합니다. 그들의 삶의 경험과 현재 직면한 문제를 반영하는 것이 중요합니다.

- 성찰 기반 프로그램: 자신의 삶과 가치관을 돌아보고, 이기적 개인주의가 자신과 타인, 공동체에 미치는 영향을 성찰하도록 돕는 프

로그램이 필요합니다. (예: 자기 성찰 워크숍, 윤리적 딜레마 토론)
- 관계 회복 및 공감 훈련: 건강한 인간관계를 재구축하고 타인에 대한 공감 능력을 향상시키는 훈련이 중요합니다. (예: 비폭력 대화, 갈등 해결 커뮤니케이션, 공동체 기반 심리 상담)
- 시민 의식 및 공동체 참여 유도: 자신의 삶이 공동체와 어떻게 연결되는지 인식하고, 직접적인 참여를 통해 건강한 Weness를 경험하게 하는 것이 중요합니다. (예: 소규모 지역 사회 프로젝트 참여, 자원봉사, 시민 교육 프로그램)
- 직장 내 윤리 및 협력 문화 조성: 성인들이 가장 많은 시간을 보내는 직장에서 윤리적 가치와 협력의 중요성을 강조하고, 수평적이고 존중하는 조직 문화를 만들어 나가는 것이 필요합니다.

□ **아노미 극복을 위한 사회적 지지 체계 강화**

성인들의 아노미 상태를 완화하기 위해서는 단순히 개인의 노력뿐만 아니라 사회적, 구조적인 지지가 필요합니다.

- 소속감 증진 프로그램: 다양한 형태의 소모임, 동호회, 학습 공동체, 멘토링 프로그램 등을 활성화하여 개인들이 새로운 형태의 공동체에서 소속감을 느끼고 유대 관계를 형성할 수 있도록 지원해야 합니다.
- 사회적 신뢰 회복 캠페인: 법대로 풍조가 만연한 사회에서 신뢰를 구축하기 위한 노력과 캠페인이 필요합니다. 투명한 정보 공개,

공정한 절차 확립, 사회적 약자 보호 등을 통해 법과 시스템에 대한 신뢰를 높여야 합니다.
- 세대 간 소통 증진: 젊은 세대와 기성세대 간의 단절을 줄이고, 서로의 가치관을 이해하고 존중할 수 있는 소통의 장을 마련하는 것이 중요합니다. 이는 '우리'의 범위를 넓히는 과정이 될 수 있습니다.

□ 미디어와 문화 콘텐츠의 역할

대중매체와 문화 콘텐츠는 사람들의 가치관과 인식을 형성하는 데 큰 영향을 미칩니다.

- 건강한 Weness 모델 제시: 이기적 개인주의나 편협한 집단주의가 아닌, 건강한 Weness와 합리적 개인주의가 조화롭게 발현되는 인물이나 공동체의 모습을 보여주는 콘텐츠가 필요합니다.
- 사회 문제에 대한 성찰 유도: 아노미나 이기주의의 폐해를 다루면서도, 희망적인 해결책과 새로운 공동체 모델을 제시하는 콘텐츠를 통해 대중의 인식을 변화시킬 수 있습니다.

□ 지속적인 대화와 논의의 장 마련

국가적, 사회적 차원에서 인성과 공동체성에 대한 지속적인 대화와 논의가 필요합니다.

- 사회적 합의 도출 노력: 전문가, 시민, 정책 입안자들이 함께 모여 우리 사회가 추구해야 할 건강한 Weness와 합리적 개인주의의 구체적인 가치와 실천 방안에 대한 사회적 합의를 도출해 나가야 합니다.
- 생애 주기별 인성교육: 학교 교육을 넘어, 평생 교육의 관점에서 성인들을 위한 인성 및 시민 교육 프로그램을 개발하고 확산해야 합니다.

성인들의 Deterred Development 상태를 극복하는 것은 단기적인 해결책으로는 어렵습니다. 이는 장기적인 관점에서 개인의 노력, 교육 시스템의 변화, 사회적 지지 체계 강화, 문화적 노력 등이 복합적으로 작용해야 하는 과제입니다. 하지만 사회의 중추인 성인 세대의 변화는 미래 세대에게 긍정적인 영향을 미치고, 궁극적으로 우리 사회 전체의 건강한 발선을 이끌어 낼 것입니다.

사회 교육과 평생 교육 프로그램의 실행력을 담보하기 위한 방안

□ **누가 주도할 것인가?** (주체)

건강한 Weness와 합리적 개인주의의 결합을 위한 성인 교육은 다음과 같은 주체들이 각자의 강점을 활용하여 협력적으로 주도해야 합니다.

- 정부(중앙 및 지방 정부): 국가적 차원의 인성 및 공동체 역량 강화 정책 수립, 법적/제도적 기반 마련, 예산 지원, 표준 교육 프로그램 개발 및 보급, 관련 인프라(평생학습관 등) 확충 등
- 교육 기관(대학, 평생교육원, 직업훈련기관): 전문적인 교육 콘텐츠 개발, 교육 프로그램 운영, 전문 강사 양성, 연구를 통한 교육 효과성 검증.
- 기업 및 직장: 직원들의 인성 및 공동체 역량 강화를 위한 사내 교육 프로그램 운영, 건강한 조직 문화 조성, 사회적 책임(CSR) 활동과 연계.
- 시민사회단체(NGO, 종교단체, 지역 공동체) 역할: 풀뿌리 공동체 활동을 통한 자발적인 참여 유도, 다양한 형태의 소모임 및 학습 공동체 운영, 사회적 약자를 위한 포용적 프로그램 제공.
- 미디어 및 문화예술계 역할: 건강한 Weness와 합리적 개인주의의 가치를 담은 콘텐츠(드라마, 영화, 다큐멘터리, 웹툰, 애니메이션 등) 제작 및 확산, 공익 캠페인.

□ **언제 주도할 것인가?** (시기 및 지속성)

성인들의 Deterred Development 상태는 단기적인 개입으로 해결되기 어렵습니다. 지속적이고 생애 주기 전반에 걸친 접근이 필요합니다.

- 즉각적인 개입: 현재 아노미 상태를 겪는 30~40대 성인들을 위한 긴급하고 집중적인 프로그램이 필요합니다. 특히 사회적 고립감,

불안감, 이기주의적 경향이 두드러지는 집단(예: 1인 가구, 특정 직업군)에 대한 맞춤형 지원이 시급합니다.
- 생애 주기별 교육: 취업, 결혼, 출산, 육아, 은퇴 등 성인의 주요 생애 전환기에 맞춰 건강한 Weness와 합리적 개인주의를 함양할 수 있는 교육 프로그램을 제공해야 합니다. 예를 들어, 신입사원 교육, 부모 교육, 예비 은퇴자 교육 등에 이러한 내용을 포함할 수 있습니다.
- 지속적인 평생학습: 특정 시기에 국한되지 않고, 성인들이 삶의 전 과정에서 스스로 인성 및 공동체 역량을 개발할 수 있도록 평생학습 시스템을 구축하고 독려해야 합니다. 온라인 학습 플랫폼, 지역 평생학습관 등을 통해 접근성을 높이는 것이 중요합니다.
- 사회 변화에 대한 대응: 사회 구조(저출생, 고령화, 기술 발전 등)의 변화에 따라 새롭게 발생하는 인성 및 공동체성 관련 문제에 즉각적으로 대응하고, 교육 내용을 업데이트해야 합니다.

□ **어떻게 주도할 것인가?** (구체적인 방법론)

주도 주체들이 위에서 언급된 시기에 효과적으로 교육을 실행하기 위한 방법론은 다음과 같습니다.

- 정책적 지원 및 인센티브
  - 법적 기반 강화: 「인성교육진흥법」과 같이 학교 교육에 초점을 맞춘 법을 성인 교육 분야로 확장하거나, 평생 교육 관련 법규에 인

성 및 공동체 역량 강화를 명시해야 합니다.
- 예산 확보: 성인 인성교육 프로그램 개발 및 운영, 전문 인력 양성을 위한 충분한 예산을 확보해야 합니다.
- 참여 유도 인센티브: 기업의 인성교육 프로그램 도입 시 세제 혜택, 개인의 평생학습 참여 시 학점/자격 인정 등 참여를 독려하는 인센티브를 제공할 수 있습니다.

- 콘텐츠 및 프로그램 개발
- 성인 맞춤형: 성인들의 학습 동기, 경험, 관심사를 고려한 현실적이고 실용적인 콘텐츠를 개발해야 합니다. 일방적인 주입식 교육이 아닌, 토론, 워크숍, 사례 연구, 프로젝트 기반 학습 등 참여형 방식을 적극 활용해야 합니다.
- 온라인/오프라인 병행: 시간과 공간의 제약을 극복할 수 있도록 온라인 교육 플랫폼을 활성화하고, 동시에 오프라인 소모임이나 체험 활동을 병행하여 실제적인 관계 형성을 지원해야 합니다.
- 다양한 주제: 단순히 착하게 사는 법이 아니라, 직업 윤리, 시민 의식, 갈등 관리, 세대 간 소통, 다문화 이해, 환경 윤리 등 성인의 삶과 밀접하게 관련된 다양한 주제를 통해 인성 역량을 자연스럽게 함양하도록 유도해야 합니다.

- 전문 인력 양성: 성인 인성교육 및 공동체 역량 강화를 위한 전문 강사, 퍼실리테이터, 상담사 등을 체계적으로 양성하고 배치해야 합니다.

- 사회적 캠페인 및 담론 형성: 건강한 Weness와 합리적 개인주의의 중요성에 대한 사회적 인식을 높이고, 긍정적인 사회적 담론을 형성하기 위한 지속적인 캠페인을 전개해야 합니다.

정리하면,

지금의 미성숙한 어른은 아이들의 부모, 교사, 상사, 정치인이 됩니다. 그들의 인성이 곧 사회의 표준이 됩니다. 따라서 학교에서 역량으로서의 인성을 강조하는 것만으로는 부족합니다. 이미 성인이 된 이들에게도 두 번째 성장의 기회가 반드시 주어져야 합니다.

이것이 저해된 발달을 극복하는 유일한 길이며, 건강한 공동체를 지탱할 유일한 기반입니다.

성인들의 Deterred Development 상태를 극복하고 건강한 Weness와 합리적 개인주의를 결합시키기 위해서는 정부를 비롯한 다양한 사회 주체들이 협력하여, 생애 주기 전반에 걸쳐 성인 맞춤형 교육 프로그램을 개발하고, 이를 효과적으로 확산시키기 위한 정책적/제도적 지원을 아끼지 않아야 합니다. 이는 단기간에 이루어질 수 없는 장기적인 사회 변혁의 과정이 될 것입니다.

41問

생애 전환기 인성교육은
또 어떻게 해야 하나?

    우리는 흔히 인성교육을 유년기나 학령기에 집중해야 한다고 생각합니다.

    하지만 인성은 단 한 번에 완성되지 않으며, 한 번 자란 인성도 삶의 격랑 앞에서는 쉽게 흔들리고 무너질 수 있습니다.

    사람은 살아가며 계속해서 '다시' 사람이 되어야 하는 순간들을 마주합니다. 그 순간이 바로 전환기(Transition Phase)입니다. 그리고 이 시기야말로 가장 치열하게 인성이 시험되는 시기이며, 동시에 인성을 다시 배우고 재구성할 수 있는 절호의 기회입니다.

▎전환기란 무엇인가?

전환기란

- 삶의 리듬이 바뀌고
- 정체성이 재구성되며
- 책임의 범위가 달라지는 내적 · 외적 경계의 시기입니다.

전환기의 예시는 다음과 같습니다.

- 학교 졸업 → 사회 진입(직장 입사)
- 결혼과 자녀 출산 → 부모 역할 수용
- 직장 내 전환, 실직, 이직 → 진로 재설정
- 이혼, 가족 해체 → 정서적 재조정
- 퇴직과 은퇴 → 사회적 역할과 정체성 변화

이런 전환기에는 단순한 정보나 기술이 아니라, 자기 자신을 돌이켜 보고, 타인과의 관계를 새롭게 맺으며, 삶의 의미를 재구성할 수 있는 내면의 힘이 필요합니다. 그 핵심이 바로 인성입니다.

▎ 전환기는 성인의 사춘기다

우리는 청소년기의 변화를 사춘기라고 부르며 특별한 취급이 필요하다고 인정합니다. 하지만 성인기의 급격한 변화는 종종 개인의 문제로 치부하거나, 성숙하지 못한 탓으로 비난하곤 합니다.

그러나 전환기란 성인의 사춘기입니다. 단지 호르몬의 변화가 아니라, 해야 할 일과 책임, 역할이 달라지고, 관계의 위치와 질감이 변화하는 시기입니다.

- 첫 직장을 갖고 '사회인'이 되는 순간
- 아이를 낳고 '부모'가 되는 순간
- 퇴직하고 '노년'의 문턱에 들어서는 순간.

이 시기에는 새로운 자기 정체성을 받아들이고, 이전과는 다른 관계 방식을 배워야 하며, 익숙했던 삶의 기준을 내려놓고 다시 나를 조율해야 합니다. 그러므로 전환기야말로 인성교육이 절실한 시기이며, 삶의 다음 단계로 건너가기 위해 반드시 통과해야 할 성인의 사춘기입니다.

전환기에는 전환기에 맞는 인성이 필요하다

인성은 고정된 성품이 아니라, 상황과 시기에 따라 다시 구성되어야 하는 역량입니다. 따라서 전환기의 맥락에 맞는 인성교육이 필요합니다.

- 사회 초년생에게는 협업, 책임, 감정 조절, 조직 문화 이해 등 '직장 내 사회화'의 인성
- 초보 부모에게는 양육 스트레스 관리, 감정 조절, 자녀와의 관계 형성, 자기 돌봄 등 '공존과 양육'의 인성
- 중년의 위기 상황(실직, 이혼, 가족 해체 등)에는 자기 수용, 회복 탄력성, 관계 재정립 등 '재건'의 인성
- 은퇴한 노년에게는 고립감 극복, 의미 탐색, 사회적 연대 등 '존재의 재구성'에 필요한 인성

하지만 지금의 교육 시스템은 이 모든 시기를 거의 방치하고 있으며, 전환기 개인이 감당해야 할 문제로만 남겨두고 있습니다.

전환기는 두 번째 인성교육의 기회다

우리는 종종 위기 속에서 진짜 사람됨을 배웁니다. 전환기는 단절이 아니라 재도약의 시기이며, 그 발판은 결국 사람됨의 회복입니다.

따라서 전환기를 위한 인성교육은 다음과 같은 형태로 설계되어야 합니다.

- 심리상담 및 감정 훈련 프로그램: 전환기 정서적 불안정성에 대한 지원
- 관계 재구성 훈련: 이혼, 가족 해체, 조직 이탈 등에서 관계 회복 훈련
- 회복 탄력성 강화 교육: 실패, 상실, 낙심 이후 다시 설 수 있는 힘
- 공동체 기반의 활동: 자기중심적 세계에서 벗어나 우리로 복귀할 수 있는 구조

이러한 프로그램은

- 평생 교육
- 진로 전환 교육
- 부모 교육
- 은퇴자 과정 등과 결합하여 공공의 교육 시스템 안에 포함되어야 합니다.

전환기의 인성교육은 사회를 위한 예방적 투자이다

전환기를 방치하면, 심리적 고립, 사회적 아노미, 공동체 해체로 이

어질 수 있습니다. 실제로 실직, 이혼, 은퇴 등 전환기 이후 극단적 선택을 하는 이들도 많습니다. 이는 개인의 비극이자, 사회가 감당해야 할 구조적 비용입니다. 반면 전환기에 적절한 인성교육을 제공하면,

- 결혼 이후에도 일가(一家)를 이루며 산다는 것에 대한 심적 부담이 줄어들고
- 출산 이후에도 자녀 양육에 대한 두려움이 좀 더 가벼워지며
- 이혼 뒤에도 건강한 공동 양육을 할 수 있고
- 실직 이후에도 자존감을 회복하며 삶을 설계할 수 있으며
- 은퇴 이후에도 사회적 기여를 지속할 수 있습니다.

▎정리하면,

인성은 '다시 그리고 계속' 배우는 것입니다. 사람됨은 한 번 배운다고 완성되지 않습니다. 전환기의 교육은 '다시 배우는 인성', '다시 세우는 사람됨'의 교육이어야 합니다. 유년기의 인성교육이 '성장'이라면, 전환기의 인성교육은 '복원'이며, 때로는 '재건'입니다.

삶은 계속해서 우리를 흔들고 시험합니다. 그리고 우리는 계속해서 다시 사람이 되어야 합니다. 그래서 인성교육은 아이들만의 것이 아니라, 모든 세대를 위한 평생의 과제입니다.

42問

급변하는 미래 사회에 대응할 수 있는
인성교육체제란?

인간다움, 생태 감수성, 기술 윤리를
아우르는 새로운 인성교육의 패러다임

　기술이 인간을 대체하는 시대입니다. 정보는 넘쳐나지만 진실은 흐릿해지고, 속도는 빨라졌지만 마음은 쉽게 지칩니다. 우리는 이 거대한 변화 앞에서 다시 묻게 됩니다. "무엇이 인간을 인간답게 만드는가?" 그 질문의 중심에는 인성이 있습니다.

인공지능 시대, 인성은 더 중요해진다

- GPT가 글을 쓰고
- 로봇이 노인을 돌보고
- 알고리즘이 우리의 취향을 예측합니다.

　이제 기계는 인간의 많은 일을 대신하고 있습니다. 그렇다면 인간은 무엇을 해야 할까요? 바로 기계가 할 수 없는 것 — 공감하고, 고민하고, 도덕적으로 판단하고, 책임지는 존재가 되는 것, 즉 사람다움(Humanness)*을 회복하는 일입니다. 이것이 인성의 영역입니다. 이 개념은 공동체성 중심의 Weness와 대구(對句)를 이룹니다. Weness가 관계 속에서 인성을 실현하는 방식이라면, Humanness는 자기 존재 속에서 인성을 품는 방식입니다.

▌기술은 도구일 뿐, 방향은 사람이 정해야 한다

빅데이터는 예측은 해줄 수 있어도, 무엇이 옳은지는 말해주지 못합니다. AI는 질병 진단은 해주지만, 삶과 죽음을 어떻게 받아들일지는 알려주지 못합니다. 기술은 인간의 판단을 보완하는 도구일 뿐입니다. 그 기술을 누구를 위해, 어떤 목적과 가치에 따라 사용할지는 결국 사람의 인성과 품격에 달려 있습니다. 기술의 미래는 기술 자체가 아니라 그 기술을 어떤 사람이 어떤 기준으로 사용할 것인가에 따라 결정됩니다. 그리고 그 기준은 바로 '사람다움'입니다.

---

*   Humanness도 필자의 조어입니다. 인본주의(Humanism)가 다양한 철학적 전통과 이념을 포함하고 있어 '사람됨' 또는 '인간다움'이라는 정서적·존재적 차원을 표현하기에는 부족하고, Humanity는 보편적 개념이지만 추상적이어서, 정서적 뉘앙스를 담기에는 한계가 있습니다. 따라서 개인의 내면적 성숙과 윤리적 자율성, 성찰과 품격을 아우르는 정서적·존재적 개념어로서 Humanness를 제안합니다.

미래 사회의 위기 속에서 인성은 회복의 토대가 된다

- 기술이 지배하는 산업
- 불확실한 노동시장
- 사라지는 직업과 일자리
- 끊임없는 비교와 경쟁을 부추기는 SNS 문화
- 생태계의 붕괴와 기후 위기

이런 세계에서 청소년과 시민이 살아남기 위해 필요한 것은, 단지 스펙이 아니라 자기 자신을 지탱할 내면의 중심입니다. 즉, 자기 성찰력, 회복 탄력성, 공동체 감수성, 그리고 자연과 기술에 대한 윤리적 책임감이 요구됩니다.

새로운 인성교육체제는 다음을 지향해야 한다

- 가르치는 인성이 아니라, 함께 고민하고 체험하는 인성
- 완성된 인간상을 주입하는 교육이 아니라, 각자의 삶에서 발견해 가는 인성
- 개별성을 존중하면서도 공동체 안에서 조화를 이루는 인성
- 디지털 감수성과 생태적 윤리를 포함한 확장된 인성

이를 위해서는 단순한 도덕 교육이나 생활 지도의 차원을 넘어, 관

계, 성찰, 실천, 경험 중심의 전인적 인성교육이 절실히 필요합니다.

▍사람다움이 미래다

지금까지의 교육은 "무엇을 잘할 수 있는가."를 묻는 데 집중했습니다. 그러나 이제는 묻지 않으면 안 됩니다. "당신은 어떤 사람입니까?" 그리고 더 나아가, "어떤 사람으로 살아가고 싶습니까?"
그 대답은 성적이나 직업, 기술이 아닌 사람됨으로부터 시작되어야 합니다.

- 공감할 줄 아는 사람
- 책임질 줄 아는 사람
- 타인을 이해하고, 자연을 존중하며
- 기술을 선한 목적에 사용할 줄 아는 사람

그런 사람이 미래를 이끌어 갈 수 있습니다. 그리고 그런 사람은 가르쳐야 하는 존재가 아니라, 함께 자라야 할 존새입니다.

▍인성은 다시 그리고 계속 배워야 한다

인성은 한 번에 완성되는 것이 아닙니다. 기술이 바뀌고, 사회가 변할수록, 우리는 더 자주 다시 질문하고, 더 깊이 다시 배워야 합니다.
인성은 미래를 준비하는 힘이 아니라, 미래를 만드는 힘입니다.

다가오는 미래: WEAINESS의 시대

이제 우리는 AI가 도구를 넘어 주체가 될 수도 있는 시대를 목전에
두고 있습니다. AI가 창작하고, 의사결정에 개입하고, 사회적 상호작
용을 수행하는 이 시대에, '사람과 사람 사이의 사회 계약'만으로는 불
충분해질 수 있습니다.

Weness가 인간 공동체 중심의 관계 개념이었다면, 다가올 시대에
는 기계와의 공존, 인간기계사회 간의 새로운 관계성까지 포괄하는
WEAINESS라는 개념이 필요할지도 모릅니다.

그렇다면 우리는 다시 질문해야 합니다.

"인성은 오직 인간만의 것인가?"
"기계와 공존하는 공동체에서, 사람다움은 어떻게 진화해야 하는
가?"

이제 인성교육은 과거의 도덕적 틀을 반복하는 것이 아니라, 새로운
존재들과 함께 살아갈 감수성과 철학을 길러내는 작업이어야 합니다.

그것이 바로, AI 시대를 살아갈 우리에게 요구되는 진짜 사람다움일 수 있습니다.

Epilogue

인성: 사람답게 산다는 것,
다시 그리고 계속 배워야 하는 것

이 책을 쓰는 동안 저는 내내 스스로에게 물었습니다.

"나는 어떤 사람인가?"
"나는 어떤 사람이 되고 싶은가?"

그리고 더 나아가,

"지금 우리 사회는 어떤 사람을 길러내고 있는가?"

인성이라는 말은 일상적으로 자주 쓰이지만, 그 안에 담겨야 할 뜻은 결코 가볍지 않습니다. 이 책에서 말한 인성이란 성격이나 예절의 문제가 아니라, 사람답게 산다는 것 자체에 대한 물음이자, 존재 방식과 관계 방식의 총체입니다.

우리는 지금, 정신없이 빠르게 흘러가는 세상 속에서 사람을 키우는 일보다 시스템을 돌리는 일에 더 익숙해졌습니다. 교육은 언제부턴가 사람을 길러내는 과정이 아니라, 성공을 향해 줄 세우는 기술로 축소되어 왔습니다.

그런 시대에서 인성은 한편으로 밀려나거나, 단지 문제 예방용 보조 장치로만 여겨졌습니다. 그러나 저는 믿습니다. 인성은 문제 해결의 도구가 아니라, 삶의 방향을 지탱하는 기준이며, 사회의 품격을 만들어 가는 사람됨의 근본이라고.

이제 저는 인성을 이렇게 정의하고 싶습니다.
인성이란, 한 사람의 내면에서 드러나는 Humanness, 그리고 타인·자연·기술과의 관계 속에서 실현되는 Weness의 결합이라고.

Humanness는 한 인간으로서 갖춰야 할 품격과 성찰, 윤리적 자율성과 감정의 민감성입니다.
Weness는 우리가 공동체 속에서 함께 살아가기 위해 길러야 할 공감, 책임, 협력의 역량입니다.

과거의 Humanism이 철학이었다면, 이제의 Humanness는 살아 있는 존재의 방식입니다.
전통적인 공동체성 역시 폐쇄적 집단주의로 흐를 수 있었지만, 오늘날의 Weness는 열려 있고 유동적인 관계의 방식으로 재정립되어야 합니다.

그런데 이제 우리는 또 한 가지 질문에 직면합니다.

AI와 함께 살아가는 시대, 인성은 오직 인간의 것인가?

기술이 인간을 닮아가고, 인간은 기술에 적응하며 생존을 고민하는 시대에, 우리가 지켜야 할 마지막 것은 지능이 아니라 사람다움(Humanness)입니다. 앞으로의 인성은 인간 대 인간만의 문제가 아닐 수 있습니다. 인간과 AI가 상호작용하고, 책임과 의사결정을 공유하는 시대로 이행할 가능성이 있기 때문입니다. 그래도 내면의 사람다움(Humanness)은 변치 않을 것입니다.

그렇다면 기존의 Weness는 어떻게 진화해야 할까요?

이제 우리는 인간과 인간 간의 사회 계약만이 아니라, 인간과 기계, 인간과 자연, 인간과 기술의 관계를 함께 고민하는 WEAINESS의 시대로 향하고 있는지도 모릅니다. WEAINESS는 공존과 책임의 대상을 확장한 새로운 공동체 개념이며, 다가올 윤리의 지평입니다. 그렇기에 인성교육은 유년기만의 과제가 아니라, 전 생애에 걸쳐 다시, 그리고 계속 배워야 하는 삶의 질문입니다. 새로운 사회 계약의 바탕 위에서 새로운 공동체성을 키워야 할지도 모르겠습니다.

우리는 살아가면서 수많은 전환기를 겪습니다.
졸업, 취업, 결혼, 육아, 이직, 실직, 이혼, 은퇴….
그때마다 우리는 다시 묻습니다.
"나는 누구이며, 어떤 삶을 살아가고 싶은가?"

그때마다 우리는 다시 그리고 계속 사람이 되는 법을 배워야 합니다.
인성은 한 번 배우는 것이 아니라, 경험하고 흔들리고 다시 일어서는 모든 과정 속에서 조금씩 자라나는 생애의 힘입니다.

이 책은 결국 한 가지 질문으로 돌아갑니다.
"당신은 어떤 사람이 되고 싶으십니까?"

그리고 이 질문은 학생에게만이 아니라, 어른에게, 교사에게, 부모에게, 정치인에게, 사회 전체에게 넌져져야 하는 질문입니다.

- 인성이란 무엇인가?로부터 시작해
- 개인의 삶과 사회 구조, 미래와 기술, 교육과 공동체를 둘러보며
- 우리는 결국 사람이라는 존재를 다시 생각하게 되었습니다.

이제 우리는 묻습니다.

좋은 제도가 중요한 것은 분명하지만, 좋은 사람 또한 그에 못지않게 중요하지 않을까요? 공동체를 지탱하는 힘은 법이나 시스템만이

아니라 사람의 품격과 관계의 진정성이 아닐까요?

좋은 사회! 시스템이 틀을 만들 수는 있어도, 그 사회를 진정으로 완성하는 것은 사람답게 살아가려는 사람들의 의지와 실천입니다. 그리고 그 사회 속에서 사람들은 삶의 질을 만들어 갈 것입니다.

좋은 사회란, 좋은 제도를 넘어 좋은 사람들로부터 완성되는 공동체입니다.

그리고 그 사람됨은 Humanness와 Weness, 그리고 그 언제가 미래에는(어쩌면 근처에 와 있는지도 모르겠습니다) WEAINESS 속에서 자랄 것입니다.

부록

사람됨을 키우는 42가지 교육과제

(유아·청소년을 위한)

1. 「학교폭력예방법」은 폐지하거나, 최소한 유치원·초등학교 단계까지는 적용을 배제하고 회복적 생활 교육으로 대체한다. 「소년법」 사안은 교정 당국과 형사 당국에서 처리하면 된다.

2. 학교의 결정에 부당하다고 느낄 경우 사법 절차가 아닌 고충 처리와 민원 조정 체계를 우선하도록 한다. 학교폭력 사안도 마찬가지이다.

3. 유치원부터 또래 중심 갈등 조정과 회복 프로그램을 단계별로 도입한다.

4. 음악, 체육, 미술 등 예체능 교육을 개인기보다 협동과 조화 중심으로 재구성한다. 뮤지컬, 오케스트라 등의 단체 중심 동아리 활동도 지원해야 한다.

5. 정체성, 관계성, 웰빙 중심의 유아 누리과정을 강화하고, 만 5세부터는 초등 연계 체제로 전환한다. 이를 통해 만 5세 과정은 점진적으로 유아 학교로의 개편을 추진한다.

6. 유치원에 '원아 전담 교사제'와 사실상 학부모(보호자)와의 Co-Parenting 시스템을 도입한다. 지금처럼 학부모(보호자)에게만 주어진 양육의 책임을 유치원 교사와 공유할 필요가 있다. 이러한 Co-Parenting 원칙은 유치원뿐만 아니라 학교 교육 전반에 걸쳐 지속될 필요가 있다.

7. 유치원 교사 양성 과정은 놀이관계생활 중심 교육 역량을 강화한다.

8. 유치원에 교사와 보조 인력을 충분히 배치하여 정서적 돌봄과 생활지도를 강화한다. 유치원 교사는 초등 교사보다 더 많은 에너지가 소모되고, 더 많은 전문성을 필요로 한다.

9. 유아기부터 기본 생활 습관과 언어 습관을 체계적으로 길러주는 지도가 필요하다. 이 습관만 잘 길러지고 지속된다면 학교폭력이라고 불리는 상당 부분의 부정적 행동이나 언어 사용은 사라질 것이다.

10. 초등학교에서는 학칙 실천을 통해 생활 규범을 내면화할 수 있도록 한다.

11. 인성 지도 능력을 갖춘 교사 양성을 위해 교육대 · 사범대 커리큘럼을 개편한다.

12. 현직 교사 대상 인성교육 연수를 강화하고 마음 돌봄 교육을 포함한다. 특히, 젊은 교사들을 위한 마음 돌봄 교육은 이들 교사들의 정서적 안정과 회복 탄력성을 위해서 매우 소중하다.

13. 교사 생활 지도권의 회복과 함께 사안별 외부 전문가 연계 시스템을 갖춘다.

14. Wee센터와 학교 내 상담자원을 확충하고, 외부 상담 기관과 연계한다.

15. 청소년 수련 시설과 협력하여 관계 훈련 중심 수련 활동 체계를 구축한다

16. 학부모(보호자)는 인성교육의 공동 주체로서 평생학습 기회를 제공받아야 한다.

17. 젊은 학부모(보호자) 대상 자녀 이해 및 양육 태도 교육 프로그램을 설계한다. 동시에 이들 학부모(보호자)의 마음 돌봄 프로그램도 강화되어야 한다. 그래야만 가정이 인성교육의 보루가 될 것이다.

18. 자녀와 교사에 대한 '갑질'이 아니라 신뢰와 협력 기반의 문화를 형성한다. 학부모(보호자)는 학교와 교사의 결정을 존중할 필요가 있다.

19. 인성교육진흥법은 생애 주기별 발달과 학교가정사회 연계를 포함하도록 전면 개편한다.

20. 국가 교육 과정 총론에 인성 역량 육성을 위한 구체적 로드맵을 마련한다. 선언은 교육이 아니다. 구체화된 자료가 있고, 이들 자료가 교사의 양성과 연수 과정에서 길러져야 한다.

21. 교과 및 창의적 체험 활동을 통한 인성 지도 가이드를 개발·보급한다.

22. 교사 학습 공동체, 경진대회, 수석교사제 등을 통해 인성교육 실천을 지원한다. 그리고 Best Practice를 발굴한다. 이들이 중심이 되어 방학 중 교사 연수가 진행되도록 지원해야 한다. 이들 중에서 연구사와 장학사로 전직하는 통로도 만들어야 한다.

23. 인성교육의 학년별 발달과업 및 세부 성취 기준을 연구·제시한다.

24. 사회정서학습(SEL)과 인성교육의 통합을 위한 행정 및 교수 체계를 구축한다.

25. 다수결, 규칙 준수, 협동 등을 학교생활 속에서 실천하는 문화 조성을 유도한다.

26. 학생 자치 활동을 통해 책임, 참여, 존중을 배우는 구조를 제도화한다.

6. 유치원에 '원아 전담 교사제'와 사실상 학부모(보호자)와의 Co-Parenting 시스템을 도입한다. 지금처럼 학부모(보호자)에게만 주어진 양육의 책임을 유치원 교사와 공유할 필요가 있다. 이러한 Co-Parenting 원칙은 유치원뿐만 아니라 학교 교육 전반에 걸쳐 지속될 필요가 있다.

7. 유치원 교사 양성 과정은 놀이관계생활 중심 교육 역량을 강화한다.

8. 유치원에 교사와 보조 인력을 충분히 배치하여 정서적 돌봄과 생활 지도를 강화한다. 유치원 교사는 초등 교사보다 더 많은 에너지가 소모되고, 더 많은 전문성을 필요로 한다.

9. 유아기부터 기본 생활 습관과 언어 습관을 체계적으로 길러주는 지도가 필요하다. 이 습관만 잘 길러지고 지속된다면 학교폭력이라고 불리는 상당 부분의 부정적 행동이나 언어 사용은 사라질 것이다.

10. 초등학교에서는 학칙 실천을 통해 생활 규범을 내면화할 수 있도록 한다.

11. 인성 지도 능력을 갖춘 교사 양성을 위해 교육대·사범대 커리큘럼을 개편한다.

12. 현직 교사 대상 인성교육 연수를 강화하고 마음 돌봄 교육을 포함한다. 특히, 젊은 교사들을 위한 마음 돌봄 교육은 이들 교사들의 정서적 안정과 회복 탄력성을 위해서 매우 소중하다.

13. 교사 생활 지도권의 회복과 함께 사안별 외부 전문가 연계 시스템을 갖춘다.

14. Wee센터와 학교 내 상담자원을 확충하고, 외부 상담 기관과 연계한다.

15. 청소년 수련 시설과 협력하여 관계 훈련 중심 수련 활동 체계를 구축한다.

16. 학부모(보호자)는 인성교육의 공동 주체로서 평생학습 기회를 제공받아야 한다.

17. 젊은 학부모(보호자) 대상 자녀 이해 및 양육 태도 교육 프로그램을 설계한다. 동시에 이들 학부모(보호자)의 마음 돌봄 프로그램도 강화되어야 한다. 그래야만 가정이 인성교육의 보루가 될 것이다.

18. 자녀와 교사에 대한 '갑질'이 아니라 신뢰와 협력 기반의 문화를 형성한다. 학부모(보호자)는 학교와 교사의 결정을 존중할 필요가 있다.

19. 인성교육진흥법은 생애 주기별 발달과 학교가정사회 연계를 포함하도록 전면 개편한다.

20. 국가 교육 과정 총론에 인성 역량 육성을 위한 구체적 로드맵을 마련한다. 선언은 교육이 아니다. 구체화된 자료가 있고, 이들 자료가 교사의 양성과 연수 과정에서 길러져야 한다.

21. 교과 및 창의적 체험 활동을 통한 인성 지도 가이드를 개발·보급한다.

22. 교사 학습 공동체, 경진대회, 수석교사제 등을 통해 인성교육 실천을 지원한다. 그리고 Best Practice를 발굴한다. 이들이 중심이 되어 방학 중 교사 연수가 진행되도록 지원해야 한다. 이들 중에서 연구사와 장학사로 전직하는 통로도 만들어야 한다.

23. 인성교육의 학년별 발달과업 및 세부 성취 기준을 연구·제시한다.

24. 사회정서학습(SEL)과 인성교육의 통합을 위한 행정 및 교수 체계를 구축한다.

25. 다수결, 규칙 준수, 협동 등을 학교생활 속에서 실천하는 문화 조성을 유도한다.

26. 학생 자치 활동을 통해 책임, 참여, 존중을 배우는 구조를 제도화한다.

27. 휴대폰, SNS 등 디지털 미디어에 대한 학교 공동체의 자율적 규율을 보장한다.
28. 국가 차원에서 미디어 사용에 대한 규율 기준을 연구하고 공론화한다.
29. 대입 제도를 평생학습 중심으로 개편하여 학교 교육의 본질을 회복시킨다.
30. 인성교육의 평가는 성장 기반의 포트폴리오, 자기 성찰, 또래 피드백 방식으로 전환한다.
31. 도시화와 핵가족화 속에서 무너진 공동체성 회복을 위해 마을 교육 공동체를 돌봄 중심으로 재구조화한다.
32. 학교 밖 청소년을 위한 인성교육에서 교육청의 역할을 확대한다.
33. ADHD · 특수 교육 대상 아동에 대한 차별 없는 인성교육 접근이 이루어져야 한다.
34. 정서적 어려움이 있는 학생을 위한 개별화된 상담교육 연계 모델을 개발한다.
35. 인성교육을 위한 학교 간, 지역 간 협력 시스템(네트워크형 학교)을 지원한다.
36. 인성교육을 위한 교과 간 융합 수업 사례를 확산시킨다.
37. 학급 운영에 학생 참여를 보장하고 학급회의, 자치 토론 등을 정례화한다.
38. 교사 평가에 인성교육 실천도 반영하여 문화 확산을 유도한다.
39. 모든 교과에서 인성적 요소(공감, 협력, 성찰 등)를 재정의하고 교과서에 반영한다.

40. 미디어와 문화 콘텐츠가 아동 발달에 미치는 영향을 지속적으로 조사·규제한다.

41. 교육감과 교육청은 단지 행정 주체가 아니라 인성교육 주체로서 역할을 명확히 한다.

42. 국가 차원에서 인성교육 정책을 종합 설계하고 조정하는 상설기구를 설치한다.